Norbert Molitor
Im Kaff der guten Hoffnung

W0045353

PIPER

Zu diesem Buch

In Neviges hat man die Qual der Wahl. Soll man nun zum Hähnchenmann gehen oder doch im »Mykonos« zu Abend essen? Hält die lange Unterhose vom Nevigeser Wochenmarkt was die Reklame verspricht? Ist beim Senioren-Einführungskurs für Android Smartphones der AWO noch ein Platz frei? Dort, wo um 18 Uhr 30 die Bürgersteige hochgeklappt und die Fernseher angeschaltet werden, erlebt Norbert Molitor Kaff vom Feinsten.

Der Jury des Grimmepreises war dies folgendes Urteil wert: »Blogs sind Schaltzentralen des eigenständigen Denkens, eigenwilliger Kommentarkunst und gelebter Gegenöffentlichkeit. Eine besondere Perle dieser Disziplin schenkt uns Norbert Molitor mit ›42553 Neviges‹. Mit liebevoll-kritischem Auge und charmant-ironischem Schreibstil entwirft er ein literarisches und visuelles Panoptikum einer Kleinstadttristesse, das man schlicht ›Genuss‹ nennen muss.«

Norbert Molitor lebt und bloggt in Velbert-Neviges. 2014 bekam er für »42553 Neviges« den Grimme-Online-Award verliehen.

Norbert Molitor

Im Kaff der guten Hoffnung

Eine Liebeserklärung an die Provinz

PIPER
München Berlin Zürich

Mehr über unsere Autoren und Bücher:
www.piper.de

MIX
Papier aus verantwor-
tungsvollen Quellen
FSC® C083411

Originalausgabe
März 2016
© Piper Verlag GmbH, München/Berlin 2016
Umschlaggestaltung: Zero Werbeagentur, München
Umschlagabbildung: plainpicture/mia takahara
Litho: Lorenz & Zeller, Inning a. Ammersee
Satz: Uhl+Massopust, Aalen
Gesetzt aus der ITC Century Std
Druck und Bindung: CPI books GmbH, Leck
Printed in Germany   ISBN 978-3-492-30792-5

Inhalt

Für Anna aus Italien

1

Das Leben im Kaff ist einfach. Kein Kino, kein Museum, kein Theater, keine Oper, keine Bar, keine U-Bahn, kein Krankenhaus, kein Handyladen, kein Ikea, kein Bordell, keine Jobs, keine Künstler, Tänzer, Musiker, Unternehmensberater, Kuratoren – dafür Schützen- und Bürgervereine, Karnevals- und Hundevereine, Seniorengymnastik und frische Luft. Wer damit klarkommt, ist gut aufgehoben. Und lebt billiger. Es gibt nix. Und was nicht da ist, kann nix kosten.

Wer neu dazukommt, braucht Jahrzehnte fürs Klarkommen, wer wegzieht, sehnt sich jahrzehntelang zurück, kann aber nicht sagen, warum.

Die Alten bleiben unter sich. Nicht die alten Alten, die sowieso, sondern die im Kaff Geborenen. Die Ureinwohner. Die sind, kein Witz, nicht durch Hausgeburten ins Dorf gekommen, sondern durch Geburten im Krankenhaus, das zehn oder mehr Kilometer entfernt in einer anderen Stadt liegt. Es gibt also weniger Ureinwohner, als die Ureinwohner denken. Egal. Wer dazukommt, hat für alle Zeiten einen nicht unerheblichen Migrationshintergrund.

Was hilft, ist ein Ehrenamt oder Spenden oder beides. Oder Lokalrunden. Oder ein Hund. Und gute Kontakte zu

Leuten, die im Kaff etwas zu sagen haben und davon reichlich Gebrauch machen. Zum Beispiel zur Gemüsefrau, zum Metzger, zum Apotheker oder Frisör, weil man als Stammkunde aus der Schusslinie ist, sich aber nie sicher sein kann, wie lange. Wer fremdgeht, zum Beispiel zum Gemüsemann, wird einfach nicht mehr gegrüßt.

Hund ist gut. Hund mit Traumata ist besser, weil die Hundeschule im Dorf eine gute Gelegenheit ist, andere traumatisierte Hunde und ihre Besitzer kennenzulernen. Kinder gehen auch, machen allerdings viel Arbeit, und wenn sie groß sind, sind sie weg.

Der Durchschnittsbewohner ist vierundfünfzig. Geschieden oder sehr unglücklich, was Liebesangelegenheiten betrifft, schlecht gekleidet (die Beigephase beginnt), etwas krank, was wichtig ist fürs Mitreden, etwas religiös (die Sterbephase beginnt) und etwas neben der Spur: Der Sex ist nicht mehr das, was er mal war, und der Job, sofern vorhanden, macht auch keinen Spaß mehr. Der Fernseher ist riesig, die Wohnung picobello, der Freundeskreis hingegen inzwischen langweilig, weil die Party vorbei ist. Wer hat, hat eine Bleibe irgendwo im Süden, wer nichts hat, hat RTL oder Arte – oder ein Hobby, das keine Unordnung macht.

Viele Frauen kochen neuerdings vegan; viele Männer grillen das Gegenteil. Und trinken zu viel. Nicht jeden Tag, aber freitags und samstags und selten sonntags. Denn montags beginnt die Woche im Kaff mit Fahrerei. In die nächste größere Stadt oder ins nächste Kaff. Die Älteren sitzen im Café und freuen sich. Sie haben es geschafft. Nie wieder arbeiten.

42 553 Neviges. Kunden, die Nachthemden und Tischeimerchen kaufen, kaufen auch Bratpfannen und Heftzwecken. Oder Reisetaschen, Büstenhalter, Feinstrumpfhosen, Kabel. Oder Glühbirnen. Das klitzekleine Kaufhaus Gassmann, nicht mal ein Viertel so groß wie eine kleine KarstadtEtage, ist längst kein Geheimtipp mehr, seit sich rumgesprochen hat, dass das Kaufhaus in Neviges alles hat. Wer zwei Gabeln, einen Bogen Plakatkarton, ein Weinglas oder eine Leiter, Vogelfutter, Herrenkniestrümpfe, Bewerbungsmappen oder Schuhcreme braucht, findet das.

Es gibt zwei Kassen. Gegenüber eine Gondelansammlung mit aktuellen Sachen, zum Beispiel Karnevalskrempel oder Weihnachtsschmuck, und im Eingangsbereich Arztromane, Liebesromane und Teelichter. Vor dem Laden stehen die Dinge, die jeder irgendwann mal gekauft hat, jedoch nicht mehr findet. Paketkordel zum Beispiel oder Luftschlangen.

Getrickst wird nicht oder so, dass man es nicht merkt. Keine Musik, keine Durchsagen, keine billigen Sachen in Bodennähe und teure im Griffbereich. Keine Kinderquengelartikel vor der Kasse (die Spielsachen, Stifte, Hefte, Kinderbücher sind ganz hinten im Laden) und keine Sachen ohne lesbare Preisangabe. Sonderangebote heißen Sonderangebote und nicht »Sale«. Und man kann sich darauf verlassen, dass Sonderangebote vorher mal teurer waren. Gut so. Gut auch: Das Personal ist hilfsbereit. Wer etwas nicht findet, wird nicht irgendwo hingeschickt, sondern begleitet.

Wenn nix los ist in Neviges, also immer außer donnerstags, am Markttag, oder wenn es regnet, gehen viele Einwohner in den Laden. Nicht zum Einkaufen, sondern zum Gucken. Irgendwas, das stellt sich schnell heraus, braucht man immer. Man weiß es aber erst, wenn man im Laden ist.

Wenn man Glück hat, trifft man die Arbeitskollegin aus Wuppertal samstags bei der Wolle. Und ihren Mann, der zwei linke Hände hat, mit der RAL-Farbkarte in der Hand vor den Lackröllchen. Die kommen nach Neviges, weil es solche Läden in Wuppertal nicht mehr gibt. (Das Wuppertaler Schauspielhaus ist übrigens auch dicht, und das Opernhaus – kein Witz – hat kein eigenes Ensemble mehr.)

Besonders beliebt ist der Laden bei den Düsseldorferinnen, die bekanntlich das Shoppen und Geldausgeben erfunden haben. Die kommen, weil sie für den Preis einer guten

Damenhandtasche auf der Kö bei Gassmann die komplette Frotteeabteilung einschließlich aller Waschlappen kaufen können.

2

Wer in einem Kaff wohnt, das sind etwa sechzig Prozent aller Menschen in Deutschland, braucht ein Auto, ein Fahrrad oder eine Monatskarte. Und eigenes Internet. Auto ist kein Problem, weil es genügend Parkplätze gibt. Fahrrad auch nicht, weil weniger geklaut wird als in der Stadt. Internet schon, weil es kaum öffentliche Netze gibt. Die Leitungen sind langsam.

Zu langsam für flüssiges Filmeangucken, aber schnell genug für die schönen Sachen vom Versender, der all das liefert, was es im Kaff nicht gibt. Geliefert wird ebenfalls schnell, und wenn man nicht da ist, ist jemand da, der die Sendung annimmt. Der Nachbar, die Eisdielenfrau – oder der Gemüsemann nebenan.

Der Gurkenkönig heißt eigentlich Mesut. Sein Bruder ist Mediziner, seine Tochter wird Medizinerin. Sie studiert in Istanbul. Seine Frau hat einen Obst- und Gemüseladen im Dorf nebenan. Er hat seinen Laden in der Fußgängerzone. Der Gurkenkönig ist beliebt bei den Frauen.

Gurkenkönig Mesut – Frisches Obst und junges Gemüse

Wenn wenig zu tun ist, sitzt Mesut im Café am Brunnen, trinkt Filterkaffee und liest in der *Hürriyet*. Sobald ein Kunde kommt, läuft er rüber. Das dauert bei Männern etwa vierzehn Sekunden, bei alten Frauen sechzehn und bei jungen, attraktiven Frauen zwischen fünf, sechs und sechs Komma acht Sekunden. Es gibt mehrere Messungen.

Wer etwas probieren will, darf das. Wer handeln will, den schickt er in den Supermarkt. Andrea kommt jeden Tag um vierzehn Uhr fünf. Gunther kommt mittwochs um siebzehn Uhr und kauft für sechzig Euro einen Wochenvorrat Grünzeug und Möhren für seine Kaninchen.

Um elf gibt Herr Hase sein Körbchen ab und geht ins Café. Der Gurkenkönig legt eine Banane rein, Weintrauben, Erdbeeren, Pflaumen, Mirabellen, Aprikosen, einen Plattpfirsich, Himbeeren und was sonst gerade da ist, fotografiert das Körbchen, veröffentlicht es bei Facebook, und bringt das Körbchen ins Café. In Istanbul wird das Körbchen sofort von der Tochter kommentiert. Herr Hase schreibt ebenfalls: »Danke, Mesut! Sehr lecker heute!«

Sonntags kommt Mesut mit seiner Schildkröte. Sie darf erst in den Brunnen und läuft danach durch die Fuzo. Werktags geht das nicht, weil werktags zu viele Autos und Radfahrer durch die Fußgängerzone fahren. Das Tier frisst angeblich nur Leber aus der Biometzgerei und soll, sagt sein Besitzer, fünftausend Euro kosten. Ein Zoo hat angeblich ein Angebot gemacht.

Mesuts Schildkröte in der Nevigeser Fuzo

Wenn Mesut Urlaub macht, fährt er mit dem Fernbus in die Türkei. Er fliegt nie. Kommt er später zurück als angekündigt, hängt ein Schild an der Tür: »Stehe im Stau.«

Wer den Namen Gurkenkönig erfunden hat, ist nicht bekannt. Frau G., die einen ähnlichen Laden betreibt, war es mit Sicherheit nicht. Vielleicht Frau G. vom Reformhaus nebenan. Vielleicht Herr M. vom Café am Brunnen.

3

Fenster sauber? Hausflur gewischt? Hemden gebügelt? Auto gewaschen? Rasen geschnitten? Hecke gestutzt? Udo Lindenberg, der bekanntlich im Hotel einer Großstadt wohnt, kann diese Fragen vermutlich nicht beantworten, weil er mit solchen Sachen nix am Hut hat. Dieter Bohlen, ebenfalls Musikant, schon eher.

Dieter Bohlen lebt in einem Kaff. Das Kaff mit 12 871 Einwohnern liegt vor der Großstadt, in der Herr Lindenberg putzen, bügeln, wischen und waschen lässt. Herr Lindenberg macht nix im Haus oder Garten, weil er so etwas nicht hat. Herr Bohlen hat beides, macht aber auch nix, weil er Personal hat. Es sei denn, er will.

Davon können andere Kaffbewohner nur träumen – sie müssen. Ungepflegte Gärten und dreckige Fenster sind nicht erwünscht. Vielleicht sogar verboten, weil der Nachbar alles beobachtet und jederzeit beim Ordnungsamt anklingeln kann. Ordnung und Sauberkeit sind keine Privatsache wie im Hamburger Schanzenviertel oder in Köln-Nippes, sondern eine öffentliche Angelegenheit. Ganz schön blöd, wenn man die Regeln nicht kennt.

In Neviges bleibt nix verborgen: Arbeitslosigkeit, plötzlicher Reichtum, neue Geliebte, Führerschein weg, Krankheit, Alkoholmissbrauch, Spielsucht, Pleite, Wildkraut im Vorgarten, Dreck am Stecken oder im Hausflur. Die Nachbarn wissen Bescheid, reden, tuscheln und rufen, wenn sie verärgert oder hilflos oder beides sind, den Vermieter an oder – das Ordnungsamt. Und das Ordnungsamt kommt.

Nicht wegen einer Krankheit oder einer neuen Geliebten, aber wegen nicht geschnittener Hecken, zu hoher Wiesen, Bäume und Gebüsche, nicht geräumter Gehwege im Winter – und wenn es mal laut wird.

Straßenmusikanten können ein Lied davon singen – jedoch nicht ins Mikrofon! Wer laut singt oder bläst oder trommelt in der Fußgängerzone, darf das. Wer einen Verstärker in Zimmerlautstärke einschaltet, hat ein Problem. Abhilfe schafft ein Verstärkerschein, den man beantragen kann: gegen Geld. Ist der Schein da, geht's alle dreißig Minuten weiter. Nicht musikalisch, sondern örtlich. Der Musikant muss seinen Platz in der Fuzo wechseln. Sechzig Meter weiter oder achtzig, bis er irgendwann am Ortsausgang landet. Warum, kann niemand sagen. Die Vorschriften.

Seit das Kaff keine eigene Polente mehr hat (die Polizeistation wurde an einen Investor verkauft), haben die Mitarbeiterinnen und Mitarbeiter des Ordnungsamts das Sagen. Ihre Autos sind groß, ihre Uniformen schwarz, ihre Haare sind ab und ihr Humor ist futsch. Sie fahren Streife in der Fußgängerzone: Pizza holen.

Kann man machen, ist aber verboten: Fuzo-Ralley

Knöllchen kosten weniger als in der Großstadt. Hecke strubbelig: zwanzig Euro. Kippe auf der Straße: dreißig Euro. Parkscheibe oder Parkzettel abgelaufen: fünf Euro. Flottes Fahren durch die Fuzo: zwanzig Euro. Parken vor der Deutschen (Automaten) Bank: meist kostenlos, weil das seit Jahren so ist. Die Gebühren der Bank sind teuer genug.

Die Polizisten (auch notorische Fußgängerzonenfahrer) sind für die schweren Fälle zuständig. Zum Beispiel für spielende Kinder in der Fußgängerzone (zu laut), für Einbrüche im Automatenkasino (sehr oft) und für Taschendiebstahl auf dem Wochenmarkt (jeden Donnerstag). Dauert ewig, bis die da sind, aber sie kommen. Spielende Kinder werden ermahnt, Einbrecher und Ganoven sind längst über alle Berge.

Wenn der Tank leer und kein Spritgeld in der Kasse ist, was durchaus vorkommt, kommen die Polizisten mit dem

Bus. Sie müssen dann zu Fuß durch die Fußgängerzone, was ihnen nicht gefällt, weil das Zufußgehen ihre Autorität infrage stellt.

Gut, dass es alle Jubeljahre eine Demo gegen eine Demo gibt, die dem Selbstwertgefühl der Ordnungshüter etwas auf die Sprünge hilft. Dann nämlich guckt sich die Polizei das Kaff von oben an. Hoch zu Ross. Und lässt die Fußgängerzone zuscheißen. Die Kinder freuen sich, weil sie die Pferde nur aus dem Internet oder aus der *Wendy* kennen, die Einzelhändler freuen sich nicht, weil kein Polizist auf die Idee kommt, die Hinterlassenschaften aufzuheben.

Wenn Hunde ein Geschäft vor einem Geschäft machen, schreiten die Einzelhändler ein, weil sie vor Hunden und Hundebesitzern weniger Schiss haben als vor Polizisten – die rufen sie, wenn ein Hundebesitzer kein Tütchen bei sich hat oder das Tütchen nicht vorschriftsmäßig benutzt. Pinkeln kostet nix. »Groß« kostet dreißig Euro.

Der gebräuchliche Kotbeutel ist dunkelbraun, DIN-A-4-groß und blickdicht. Erinnert etwas an die diskreten Pornotütchen, in denen bei Beate Uhse all die Sachen verpackt werden, die andere Leute nicht sehen sollen.

4

Weil sich die Leute aus der Großstadt gerne lustig machen über Leute in der Kleinstadt, machen sich Leute in der Kleinstadt gerne lustig über die Leute im Kaff. Und weil die Leute im Kaff nix haben zum Lustigmachen, machen sich die Leute im Kaff gerne lustig über Sachen, die sie nicht kennen oder kennen wollen, oder über Sachen, von denen sie nix verstehen. Zum Beispiel über Politik.

Der Ort, an dem das am besten geht, heißt Stammtisch. Und weil der so beliebt ist wie kein zweiter, gibt's den Stammtisch, oder mehrere, in jedem deutschen Kaff. Auch in den Städten, sogar in den Großstädten. Nur heißen sie dann anders.

Stammtische im Kaff sind Männersache. Gemischte Stammtische heißen Elternstammtisch oder Vereinsstammtisch, Stammtische mit Frauen sind eine seltene Ausnahme: die Kaffeekränzchen.

Das beliebteste Thema am Stammtisch sind nicht Frauen oder Sex, dafür sind die durchschnittlichen Teilnehmer zu alt, oder der Fußball, sondern die Politik beziehungsweise das, was der Stammtisch unter Politik versteht. Was dabei rauskommt, wenn sich der Arzt, der Apotheker, der Lehrer, der Pfarrer, der Bauunternehmer und wer sonst noch dazugehört über Politik unterhalten, hängt in den meisten Fällen vom Alkohol ab. In der Regel nix. Es geht nämlich nicht um richtige Politik, sondern um Geselligkeit und das nächste Pils.

Auf Nevigeser Stammtischen stehen immer noch die riesigen Aschenbecher mit dem hübsch geschwungenen Überbau, nur geraucht werden darf offiziell nicht mehr, seit die Landesregierung in Düsseldorf die Gesundheit ihrer Wählerinnen und Wähler in die Hand genommen hat. Das kostet die Wirte Umsatz und die Stammtische Mitglieder. Trotzdem riecht es in einigen Kneipen verdächtig nach Tabak. Nicht nach Roth-Händle oder Overstolz oder Eckstein, die gibt es kaum noch zu kaufen im Kaff, sondern nach Jakordia, Boston oder Power aus dem Supermarkt. Und nach Selbstgedrehten. Das Herrengedeck – ein Pils, ein Korn – ist billig, Mett- und Käsebrötchen mit jungem Gouda und Gürkchengarnitur auch.

Der bekannteste Stammtisch steht in der »Waage« am Busbahnhof. Ist nix für Apotheker und Pfarrer oder andere wichtige Leute, sondern für alle, die Durst haben und eigentlich nicht viel reden wollen. Bestellt wird mit einer einfachen Türklingel, die fest auf einem Frühstücksbrettchen montiert auf dem Tisch liegt. Funktioniert prima. Einmal klingeln: ein Pils, zweimal klingeln: ein Pils und ein Korn, dreimal klingeln: eine Runde. Ein Pils dauert acht Minuten, ein schnelles Pils keine dreißig Sekunden.

Wenn das nächste Bier oder der nächste Schnaps oder beides fehlt, wird in Neviges nicht gewartet – sondern geklingelt

Die Eckstein, so erzählt man sich, war wegen der grünen Verpackung früher eine der beliebtesten Zigaretten in Nevigeser Kneipen. Leute, die von morgens bis abends am Tresen hockten – und sich nicht an der frischen Luft bewegten –, hatten so wenigstens etwas Grün vor Augen. Vielleicht stammt die Geschichte aber auch aus dem Ruhrgebiet, in dem es – ebenfalls so ein Gerücht – früher weniger Grünflächen gab.

Im »Eisernen Kreuz« trifft sich der Nevigeser Bürgerverein. Lauter wichtige Leute, die im Kaff viel zu sagen haben und vermutlich sogar viel machen, bloß was genau, außer dem Bürgerfest im Sommer, weiß kein Mensch. Und damit nicht jeder rein- oder mitredet, steht der Bürgerstammtisch im wunderschönen Gesellschaftszimmer der Kneipe, das

früher von Mitgliedern des Nevigeser Raucherclubs einge-
heizt wurde. Klingel gibt's auch, jedoch diskret installiert an
der holzgetäfelten Wandverkleidung. Gemütlich! Riecht alles
gediegen, ist alles etwas feiner als in der »Waage«, aber nicht
etepetete. Das »Eiserne Kreuz« ist eine normale Kneipe, in
der, wie in anderen Kneipen, schon Gäste vom Barhocker
gefallen sind. Geraucht wird angeblich vor der Tür.

Im »Alten Bahnhof« bei Tassos treffen sich die Motorradfahrer, die Polizisten, die Borussen, die Schalker, die Gitarrenspieler und die Griechen. Bei schönem Wetter sitzen alle
hier im größten Biergarten des Dorfes, der deshalb Biergarten heißt, weil riesige Mengen Bier getrunken werden.

Zur gemütlichen Runde: Biergarten, WM-Kino, Tassos, Raucher-Lounge

Die Motorradfahrer reden über Knöllchen, die Polizisten über die Kiffer am Nebentisch, die Borussen über die blöden Bayern, die Schalker über die Borussen, die Gitarrenspieler über Kreta, bevorzugt über Agia Galini und Matala, und die Griechen über griechische Politiker oder Fußballwetten – ihr Lieblingswort *Malaka* klebt hinter jedem zweiten Satz.

Freitags kommen der Architekt, die Französinnen, die Münchnerin (die Nevigeserin ist), der »Leser«, der »Acker«, die »Schriftstellerin«, die Ehemaligen von der *WAZ*, der Inhaber der inhabergeführten Werbeagentur, das Pärchen vom Finanzamt, der »Pferdeflüsterer«, der »Kletterer« (der eine Kühl- und Gefrierkombination mit den Fingerkuppen tragen kann), die Kirchenchorsängerin mit der weißen Bluse – und Waldi.

Waldi, fünf Jahre alt, ist der Klügste: Läuft die Kaffeemaschine, weiß er, dass es bald einen Keks an einem der Tische gibt.

Stammgast »Mausi« ist vor siebzehn Jahren nach Hessen gezogen. Aber eigentlich ist Mausi immer noch da: Hunderte Liter Ouzo und Tausende Liter Bier gehen auf seine Kappe, und auch sonst hat Mausi nach eigenen Worten viel Scheiß gebaut: »Einhundertmal an die Wallfahrtskirche gepinkelt (er nennt sie Wohlfahrtskirche), die Kirchenfahne mitgehen lassen und alle Pflastersteine des Kaffs beim Nachhauseweg geprüft.« Ein paar Thekenfreunde sind inzwischen gestorben. Die Geschichten, die man sich von ihnen erzählt, sind auch nicht ohne.

5

Der Einzelhandel in deutschen Kleinstädten hat Probleme. Zu wenig Jobs, zu wenig Kaufkraft, zu wenig Menschen, die bereit sind, Geld in die Hand zu nehmen und Sachen zu kaufen, die es im Internet oder ein paar Kilometer weiter billiger gibt.

Damit sich ändert, was nicht zu ändern ist, gibt's in jedem Dorf eine Werbegemeinschaft, die im Normalfall mit großartigen Dingen (oder sich selbst) beschäftigt ist: mit Leerstandsstatistiken und Bedarfsanalysen, mit Straßenfesten, verkaufsoffenen Sonntagen – und der Weihnachtsbeleuchtung.

Eine Werbegemeinschaft hat zumeist einen ersten und einen zweiten Vorsitzenden, einen Schriftführer und einen Beirat, ist meistens männlich – und nimmt sich sehr wichtig. So wichtig, dass sich die Vorstandsmitglieder gern als Wirtschaftsförderer oder Marketingprofis verstehen – was oft Quatsch ist –, und sie angeblich auf Augenhöhe mit der Obrigkeit schwafeln – was selten zutrifft. Und das Geld ihrer Mitglieder stecken sie in gruselige Webseiten, die sich die Mitglieder und ihre Familien angucken können.

Mitglied werden kann jeder, der den Mitgliedsbeitrag

bezahlt – und die Beiträge für die oft kuriosen Veranstaltungen, die nach laufenden Metern Schaufensterfront, Lichterkette oder Tapeziertischgröße abgerechnet werden.

Große Lust kann man nicht erwarten, weil jeder Ladenbesitzer an sich denkt und den Mitveranstaltern nicht das Schwarze unter den Fingernägeln gönnt. Da wird schon mal um die besten Plätze in der Fußgängerzone gestritten. Und um die Selbstläufer: Bratwurst, Bier, Glühwein und Reibekuchen.

Man kann in Neviges immer noch etwas Geld verdienen und Spaß haben, wenn man etwas hat, was anderswo nur mit Mühe zu kriegen ist: Herr Heringhaus hat das. Er handelt mit Trödel. Nicht jeden Tag, sondern sonntags ab vierzehn Uhr. Sein Laden, keine zwanzig Quadratmeter groß, steht am Kloster. Es gibt Bücher, Sammeltassen, Puppen, Hüte, Geweihe, Zinnteller, Krippen, Elefanten, Schallplatten, Gemälde, Lampen, Postkarten, Anstecknadeln und Devotionalien. Zum Beispiel Bilder, Plaketten und Postkarten vom letzten und vorletzten Papst. Die CD mit Papst Paul, früher ein Renner, läuft nicht mehr gut, seit der Neue in Rom ist.

Vinyl läuft. Kaum gespielt, nie nass, immer neuwertig, dreißig Jahre alt, guter Klang für ein paar Euro. Und keine Kratzer. Herr Heringhaus verkauft keine Kratzer. Links am Schaufenster stehen Gitte, Harry Belafonte, die Beatles, Melanie, Heino. Und weiter hinten die Chöre und Messen, der Bolero für Liebespaare, die Jahreszeiten, der Holländer und – ganzjährig – Weihnachtsmusik. Die Platten klingen besser als neue Platten, die Plattentaschen aus Karton sind schöner als die kleinen CD-Cover. Das Weiße Album von den Beatles kostet vier Euro. Platten von Peter Kraus, Peter Alexander und Peter Maffay sind für zwei oder drei Euro zu haben. Wer etwas sucht, findet nichts – wer nichts sucht, findet vielleicht einen kleinen Schatz.

Herr Heringhaus kennt das Geschäft mit Sachen, die man eigentlich nicht braucht, seit vierzig Jahren. Es geht nicht um Licht, wenn Kunden eine Lampe kaufen. Es geht nicht mal um eine neue Lampe. Und schon gar nicht um ein Schnäppchen wie bei eBay. Sondern um das Drumherum: das Gespräch mit ihm, die Freude, etwas Schönes sofort mitnehmen zu können, das Stöbern und Entdecken, ohne die Übersicht zu verlieren. Das Internet mit Millionen Lampen interessiert ihn und die meisten seiner Kunden recht wenig.

Kunst muss nicht teuer sein

Der Kiosk am Busbahnhof war eine Goldgrube, bevor ihm die Tankstelle und der bis zweiundzwanzig Uhr geöffnete Supermarkt das Geschäft gründlich versaut haben. Der Besitzer kann kaum überleben, hält sich aber, weil seine Stammkundschaft zu ihm hält. Ohne die Busse nach Velbert und Wuppertal wäre der Laden längst tot. Es gibt die *Bild* und die *Bild am Sonntag*, die sehr gut verkauft werden, zwei Lokalzeitungen, die wie er ums Überleben kämpfen, Rätselhefte, Arzt- und Liebesromane, Fernsehzeitschriften, den *Spiegel* und den *Stern*, die *Brigitte* und andere Frauenzeitschriften und ein riesiges Knallpresseangebot. Wer die *Zeit*, die *Süddeutsche*, die *FAZ* oder eine Fachzeitschrift lesen will, kann alles bestellen und jederzeit mit der Abnahme aufhören. Das ist praktischer als ein Abo.

Belegte Brötchen gibt's keine – die gibt's gegenüber in

der Billigbäckerei, aber Kaffee zum Mitnehmen. Und Telefonkarten.

Zigaretten laufen gut, Blättchen und Tabak auch – und Einzelbonbons. Kinder, die ein paar Cent auf den Tresen legen, können Bonbon für Bonbon wählen, die der Kioskbesitzer dann in ein Papiertütchen packt.

Am besten gehen Flaschenbier und Fusel in kleinen Flaschen, die verschlossen abgegeben werden, weil das nicht anders erlaubt ist. Wer keinen Flaschenöffner dabeihat, leiht sich einen. Das Geschäft verläuft wortlos – der Kioskbesitzer kennt seine Kunden. Wer hinkommt, findet seine Biermarke, seine Zigaretten und die *Bild*-Zeitung bereits auf dem Tresen. Geht etwas zu Ende, zum Beispiel die filterlose Roth-Händle, legt er sie für seinen Kunden zurück. Ist etwas nicht mehr da, schüttelt er den Kopf, bevor man etwas gesagt hat.

Geschlossen wird um achtzehn Uhr dreißig. Danach übernimmt der Supermarkt die Versorgung.

6

Als Conny Froboess mit dem Lied »Zwei kleine Italiener« einen Hit landete, hing vor den Cafés in Deutschland ein Schild: »Draußen nur Kännchen«. Pizza war unbekannt. Chianti in bauchigen Flaschen und die italienische Version des Liedes, »Un bacio all'italiana«, kannten nur die, die das Glück und das Geld hatten, um das schöne Land mit dem guten Wetter zu besuchen. Das war nicht selbstverständlich.

Der Kaffee in den Cafés war lausig, dünn und gefiltert. Passte zur Buttercremetorte, wenn man nicht gleich etwas Herzhaftes bestellte. Toast Hawaii mit Ananas und Cocktailkirschen, eine Erfindung des Fernsehkochs Clemens Wilmenrod, war der Gipfel der auswärts klingenden Leckereien.

Die Jugend traf sich in den Eisdielen, die damals in jedem Nest eröffnet wurden. Die Jungs trugen spitze Schuhe und die Mädchen welche mit Pfennigabsätzen. Gemütlich war's nicht: klitzekleine Stühlchen mit Plastikbezügen, eiskalte Tische, gekachelte Fußböden, verspiegelte Wände, lackierte Decken, grelles Licht und schmale Bänke, die für gut gebaute Hintern kaum geeignet waren. Daran hat sich bis heute nichts geändert. Eisdielenbänke sind Sitzmöbel für Masochisten und Kinder.

Italienische Möbelkunst bei Maria

Tönisheider Wahrzeichen vor Marias Eisdielenfiliale

Die Besitzer kamen aus Norditalien, und was sie mitbrachten, war neu. Spaghettieis, Milchshakes, lange Löffel, riesige Eisportionen, bebilderte Eiskarten mit Beispielfotos, verchromte Espressomaschinen – und italienischen Kaffee.

Die Pizzabäcker kamen später. Und mit den Pizzabäckern die Spaghetti und die Penne, der Wein, die Oliven, der luftgetrocknete Parma, Olivenöl, Parmesan und das Gemüse, das hierzulande kaum jemand kannte. Broccoli zum Beispiel.

Filterkaffee gibt's immer noch. Nicht überall, aber dort, wo Pilger und ältere Touristen zusammenhocken. Im Plüschcafé am Kloster, im Café am Brunnen (der Betreiber kommt aus Izmir) und im »Parkhaus« neben dem Domparkplatz. In allen anderen Restaurants und Cafés wird Crema, Espresso oder Latte getrunken. Die bekannteste Eisdiele – es gibt nur eine – ist die Eisdiele von Maria. Maria ist Italienerin, ihr Mann ist Italiener wie die meisten ihrer Angestellten. Wer einen »Expresso« bestellt, kriegt einen Espresso, wer »due espressi« bestellt, wird erstaunt angeguckt, jedoch freundlich bedient.

Die Einrichtung ist ein Kunstwerk: lackierte Decken mit tiefer gezogenen, überlappenden Unterelementen über der Theke, viel blitzblanker Chrom und Glas, viel Licht, filigrane Stühlchen aus Metall und eine große, unbequeme Sitzbank, die sich hinter kleinen, runden Tischen durch den Raum schlängelt. Maria hat Stammkunden – und Stammpersonal. Bestellungen werden in ein Gerät getippt, das mit den Leuten hinter der Theke verbunden ist. Alles klappt wie am

Schnürchen. Die Mannschaft ist eingespielt. In der Eistheke gibt's dreißig verschiedene Sorten. Auch Sorten, die es in den benachbarten Orten nicht gibt. Das Eis ist selbst gemacht und so gut, dass im Sommer oft zwanzig oder dreißig Personen vor der Theke stehen und warten. Marias Eis ist weit über die Grenzen des Kaffs hinaus bekannt.

Draußen im Raucherbereich stehen hundertzwanzig Stühle. Mehr gibt's nirgendwo, und nirgendwo stehen sie so ordentlich aufgereiht. Wer Platz nimmt, findet einen sauberen Aschenbecher und Bekannte am Nebentisch. Hier trifft sich das Dorf. Es gibt Leute, die ihre Freizeit bei Maria verbringen. Bei einigen Rentnern ist das der gesamte Tag.

Im Winter wird zugemacht. Das Personal kann ausschlafen, und Maria fliegt mit ihrem Mann und den Kindern in den Süden. Die Fenster des Cafés sind dann zugeklebt. Mit Packpapier. Wenn sie weg sind, fehlt etwas. Das ganze Dorf fällt in den Winterschlaf. Nix los. Die Fußgängerzone mit dem Schnellimbiss nebenan und dem Griechen auf der anderen Seite ist tot.

7

Polizei 110, Feuerwehr 112, Bürgertelefon 115. Die neue einheitliche Behördennummer ist eine Idee der Obrigkeit und das Ergebnis der Sparpolitik. Wer anruft, erreicht nicht sein Rathaus oder sein Bürgerbüro, sondern ein Callcenter. Die Damen und Herren sind freundlich und beantworten von acht bis achtzehn Uhr einfache Fragen. Zum Beispiel: Wo kann ich einen Personalausweis beantragen? Wann ist das Bürgerbüro in meiner Stadt geöffnet? Wie lautet die Telefonnummer der Stadt? Die Angestellten und Beamten der Gemeinden werden entlastet. Im Klartext: Die Städte brauchen weniger Personal. Darum geht's.

Die Mitarbeiter der Callcenter sitzen irgendwo vor dem Bildschirm, tippen die Fragen des Anrufers ein und warten auf das Ergebnis der Datenbank. Was die Datenbank kennt, kann beantwortet werden. Das klappt in der Regel sehr gut, weil die Datenbank viele Antworten kennt. Aber eben nicht alle.

Es war einmal ein Rathaus, das hatte jedermann lieb, der es nur ansah – bis ein Investor kam, der das schöne Gebäude gegen ein kleines Säckchen Geld eintauschte. Vielleicht waren es, so munkelt man im Dorf, auch bloß ein Apfel und ein Ei –

oder ein Versprechen. Egal. Das Gebäude ist verkloppt – und die Obrigkeit hat eine große Sorge weniger.

Das Rathaus befindet sich inzwischen in einem städtischen Schuhkarton als Untermieter der Stadtbücherei. Heißt jetzt Bürgerbüro oder Servicebüro, und weil gespart werden muss, sind die Öffnungszeiten nicht mehr so üppig wie früher im richtigen Rathaus. Das Büro, kaum zwanzig Quadratmeter groß, ist donnerstags geöffnet – falls niemand krank wird. Schon deshalb ist die 115 eine gute Sache, weil man fragen kann, ob das Bürgerbüro offen hat. Wenn alle gesund sind und keine Betriebsversammlung dazwischenkommt, arbeiten zwei Angestellte dort. Die Theke vor dem Büro ist nur im Dezember und im Januar besetzt, wenn die blauen Restmüllsäcke ausgegeben werden. Die hauchdünnen, immer dünner werdenden gelben Säcke gibt's bei Uschi im zwei Kilometer entfernten Ge-

Gelbe Säcke am Busbahnhof

tränkemarkt. Sie sind irgendwann bestimmt so dünn, dass sie sich auflösen.

Im Schuhkarton wird man abgefertigt. Wer etwas anderes erwartet, sollte sich Geschichten aus San Pietro in Bevagna in Italien erzählen lassen: noch schlimmer! Immerhin muss man als Kunde keine Nummer ziehen und stundenlang warten wie in Wuppertal – und der Raum ist beheizt und hell. Der Umbau hat 100 000 Euro gekostet.

Bis Ende 2014 war das Büro samstags für einige Stunden geöffnet. Jetzt nicht mehr, weil es angeblich keinen Bedarf gibt. Der Donnerstagsbedarf steht inzwischen auf dem Prüfstand. Die Obrigkeit aus Velbert überprüft alles. Muss sie auch. 2014 stellte sich heraus, dass sich die Stadt verzockt hat. Mit Schweizer Franken.

8

In Wuppertal-Barmen hat man vor einem Jahr den Carnaper Platz an die Stadtwerke verkauft. Der Platz war bekannt durch die Kirmes zu Ostern und im Oktober und groß genug für Zirkusveranstaltungen. Es war der letzte von sieben Plätzen, auf denen solche Ereignisse in Wuppertal möglich waren. Jetzt wollen die Stadtwerke ein neues Verwaltungsgebäude auf das Areal stellen. Wuppertal hat 343 488 Einwohner.

Wer in Zukunft zur Kirmes will, fährt nebenan nach Haan. Ist eh schöner. Die Gartenstadt hat nur rund 30 000 Einwohner – und eine Kirmes, die jedes Jahr im September aufgebaut wird. Am Kirmesmontag, dem Höhepunkt der viertägigen Veranstaltung, lassen die Menschen mittags die Arbeit liegen, die Kinder haben schulfrei, und in der Stadt, die komplett abgesperrt ist, ist der Teufel los. Etwa 400 000 Besucher kommen jedes Jahr. Die Kirmes findet mitten im Ort zwischen den Häusern statt.

Was die Schausteller und die kleine Stadt auf die Beine stellen, ist atemberaubend. Kettenkarussells, die mit zwei Metern Abstand an den Häusern vorbeischweben. Schiffschaukeln, die scheinbar in die Fassaden brechen. Die schönsten und größten Attraktionen der Schaustellerzunft fahren schwindelerregend um die Wette. Eine perfekt ausgeklügelte Traumwelt an der Grenze der technischen Möglichkeiten. In der Kleinstadt.

Von Neviges haben sich die Schausteller verabschiedet. Ein Platz ist da, aber angeblich fehlt es an Kindern. Vielleicht ist die Kirmes in Velbert-Mitte auch einfach wichtiger, vielleicht ist der Aufwand zu hoch, weil es den Platz nicht umsonst gibt und schon gar nicht die Anschlüsse, die Energie und das Genehmigungsverfahren. Viel mehr als eine Losbude, eine Schießbude, ein Kinderkarussell, eine Würstchenbude, einen Autoscooter, eine Raupe und eine Wurfbude, etwas Zuckerwatte und ein paar Brezeln war sowieso nie da. Doch es war schön: der Duft der Mandeln, die falsch eingestellten Schießgeräte, mit denen man kaum treffen konnte, die billigen Hauptgewinne an der Losbude, die jeder unbedingt haben wollte, die auf der Raupe mitfahrenden jungen Kassierer, die so elegant abspringen konnten, der Streichelzoo mit den paar Ziegen.

Nachmittags kamen die Kinder mit Oma und Opa, später, wenn die Musik etwas lauter wurde, die Sechzehnjährigen mit ihren Freunden zum Mädchenbeeindrucken. Nicht mit dem Handy, das hatten alle bereits, sondern mit einer Fahrt im Autoscooter oder mit der Raupe. Mit etwas Glück hatte die Raupe ein Verdeck für etwas Rumknutschen oder Rumfummeln.

Die letzte Kirmes ist acht Jahre her. Vielleicht bleibt es dabei. Immerhin kommt der Zirkus – noch.

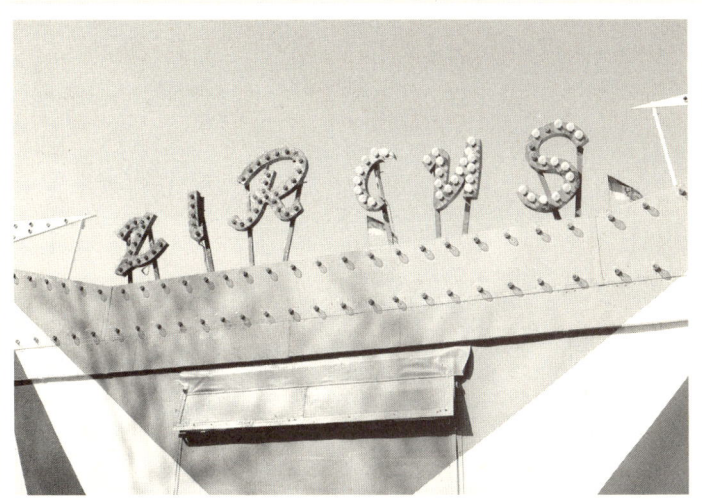

Alle Jubeljahre: Zirkus

Keine Löwen, keine Elefanten, keine wilden Sachen

41

Dienstauto vom Direktor

Tolle Kulisse vor Schloss Dauerbaustelle (die Sanierung geht ins dreizehnte Jahr): grüne Wiese, ein Kassenzelt, ein Zelt für Getränke und Popcorn, dahinter das Hauptzelt und ringsum die Wohn- und Versorgungswagen. Und der Streichelzoo, der zusätzliches Geld in die Kasse spülen muss. Wochenlang vorher die schönen Plakate mit aufgeklebten Terminen an den Schaufenstern der Einzelhändler, die Handzettel mit Sonderkonditionen für Handzettelmitbringer, kleine Ankündigungen in der Lokalpresse und zwei Tage vorher ein paar Tiere in der Fußgängerzone. Ein Kamel, ein Pony, herausgeputzt wie eine Sambatänzerin, und der Sohn des Direktors. Für Anzeigen in der Zeitung ist kein Geld da.

Der Kassierer ist später der Zirkusdirektor, der Clown, der Jongleur und der Feuerschlucker; sein Sohn ist der

Dompteur, der Akrobat, der Seiltänzer und der Zauberer. In der Pause verkauft er Popcorn. Die Kinder kreischen und stehen auf den Bänken. Müssten sie eigentlich nicht, weil kein Platz weiter als fünf, sechs Meter von der Manege entfernt ist, machen sie aber. Sie arbeiten mit. Zwischendurch dürfen sie auf die Ponys, die extra kosten, und in der Pause geht's in den Streichelzoo, der auch extra kostet. Das Programm ist super, und dass vier oder fünf Leute das gesamte Programm bestreiten, sieht nur, wer genau hinguckt und sich nicht verzaubern lässt.

Dem Zirkus geht es nicht besonders gut, doch auch nicht schlecht. Die Autos sind alt und groß, gepflegt und schön, manche sehr alt und dadurch noch schöner, und die Wohnwagen sind riesig. Nach der Nachmittagsvorstellung kann man, wenn man sich traut, mit dem Direktor reden, der Gott und die Welt und jeden Zirkusdirektor und jeden bekannten Schauspieler kennt oder kannte. Ob das stimmt oder nicht, ist egal, der Mann ist Künstler. Und Kaufmann. »Früher«, sagt er, »hatten wir größere Zelte, mehr Tiere, mehr gute Artisten, aber wir sind zufrieden.« Subventionen gibt es angeblich keine.

9

»Ein Hemd bitte. In Größe 39 und 40. Diese Schuhe in 42, in 42½ und in 43. Die Jeans bitte in 34 und 35, einmal in blau und einmal in schwarz. Und das Nachthemd bitte in 50 und 52. Was nicht passt oder was mir nicht gefällt, gebe ich zurück.«

Hört sich merkwürdig an, ist aber Alltag im Einzelhandel. Nicht in der Fußgängerzone, wohl aber im Netz. Die Kunden ordern doppelt und dreifach, und der Handel kann nix machen. Da werden Anzüge für Opas Beerdigung bestellt und später zurückgegeben, Kameras ausprobiert, Schallplatten angehört und digitalisiert. Und wehe, die Sachen sind nicht billiger als beim Händler nebenan – wenn es den Händler nebenan überhaupt noch gibt.

Im Durchschnittskaff wird's eng. Die Gemüsefrau ist vielleicht nach wie vor da. Das Reformhaus. Die viel zu teure Apotheke, der Seifenladen, die Boutique mit den scheußlichen Klamotten, der Supermarkt, der Uhrmacher und der Schuster. Wenn man Glück hat ein Buchladen und ein Schuhgeschäft und vielleicht noch der Laden mit Heimtextilien. Der Rest ist weg: der kleine Wäscheladen, das Möbellädchen, der Laden mit Glühbirnen und Elektrorasierern – und den Fernsehhändler, der alle Sachen nach Hause bringt, anschließt, die Programme einstellt, die Antenne ausrichtet und die Verpackung mitnimmt, gibt's ebenfalls kaum noch. Ein Schaufensterbummel nach dem Abendessen? Sinnlos. Wer guckt sich schon gerne nix an?

Wenn heutzutage beim Shoppen, weil online, nichts mehr probiert und angefasst und Leder etwa nicht mehr gerochen werden kann, wenn Bücher nicht mehr in die Hand genommen und Computer nicht mehr eingeschaltet werden können, müsste der Einzelhandel in den Fußgängerzonen doch davon profitieren. Eigentlich. Schon deshalb, weil es keinen Spaß macht, bestellte Sachen zurückzuschicken und Berge Kartons und Verpackungsmüll zu entsorgen.

Herr Maier's (mit Apostroph) verkauft Schuhe im ehemaligen Schlecker-Laden. Der Laden ist riesig. Sein Vermieter, der erste Vorsitzende der Werbegemeinschaft, hat es geschafft, ihn nach fünf Jahren Leerstand in seine Räume zu locken, was bei anderen Vermietern nicht gut ankam, weil Herr Maier zuvor drei Läden verlassen hat, die den Leerstand im Dorf vergrößerten.

Das Angebot ist modisch. Nicht teuer, nicht billig, immer mit Luft nach unten, weil Schuhe, die nicht laufen, sofort zu reduzierten Preisen angeboten werden. Herr Maier hat deshalb, so munkelt man, eine Druckerpresse im Keller, die nur »Sale« und Prozentzeichen in HKS 13, dem beliebten Sonderangebotsrot, drucken kann. In seiner Freizeit bläst er rote Luftballons auf.

Herr Maier ist der erfolgreichste Einzelhändler im Kaff. Er verkauft keine rahmengenähten Budapester aus England oder Italien (die würde er nie los), sondern zusammengeklebte Schuhe hipper Hersteller, die man ebenfalls in Ratingen, Köln, Seevetal oder im Internet für denselben Betrag kaufen kann. Sie halten natürlich keine zwanzig Jahre wie teure Schuhe mit Brandsohlen – sollen sie auch nicht. Hauptsache modisch. Und nicht zu teuer. Neunzig Prozent der Kunden sind Kundinnen.

Wer am Monatsende kein Geld hat, kann ein Paar Schuhe bis zum Ersten zurücklegen lassen, und wer sich nicht entscheiden kann oder die Schuhgröße eines Familienmitglieds nicht sicher kennt, nimmt eine Auswahl verschiedener Modelle mit nach Hause.

Vor dem Laden stehen die Prozentegondeln mit den roten Luftballons: Oben ist günstig, unten ist billig, ganz unten sehr billig. Viele Kundinnen krabbeln lieber die Angebote ab, als zu viel zu bezahlen.

Prozente bei Herrn Maier

Hinten im Laden die schönen Modelle – die später vielleicht mal in die Krabbelabteilung wandern. Knallrotes Sofa, flauschiger Teppich, angenehme Beleuchtung, gute Warenpräsentation in Greifhöhe, gute Schuhe.

Einen Schuster mit Ausputzmaschine, Doppelmaschine und Nähmaschine mit Fußantrieb gibt's ein paar Häuser weiter. Bei manchen Schuhen würde sich eine Reparatur lohnen.

Herr Maier ist Vorbild. Seine eigenen Schuhe kann man im Laden kaufen, was gut fürs Geschäft ist. Seine Klamotten kann man im Dorf nicht kaufen. Sein klitzekleiner Dackel stammt, wie jeder zweite Hund in Neviges, vermutlich aus Rumänien. Es gibt ältere Damen, die ein Maier-Exemplar im Tierheim suchen – und finden. Im Dorf gibt es mehr Kleinhunde als Kleinkinder.

Großer Tisch mit Neuerscheinungen im Eingangsbereich, Kinderbücher rechts, Belletristik links, Sachbücher geradeaus, Reiseführer, Kochbücher und Aktionsware vor der Kasse. Und eine Spielwarenabteilung mit Geburtstagsfächern im Nebenraum. Die Buchhandlung von Herrn Rüger in Neviges ist vierzig Jahre alt.

Drei Buchhändlerinnen teilen sich die Arbeit. Sie kennen den Namen jedes Stammkunden, alle wichtigen Bücher, und wer ein Buch für ein »hochintelligentes, zwei Jahre altes Kind« sucht, kriegt die richtige Antwort. »Das sagen alle! Wir haben deshalb ausschließlich Bücher für hochintelligente Kinder – und Eltern.«

Herrn Rüger, den Chef, sieht man selten. Nicht, dass er nix macht, er hat drei weitere Läden in benachbarten Kleinstädten, die noch nicht zu Papeterieläden mutiert sind wie viele Kettenläden in der Großstadt. Ein paar Kalender, ein paar Notizbücher, ein paar Grußkarten, neuerdings auch (hässliche) Kugelschreiber müssen reichen. Die Buchhandlung veranstaltet Lesungen in Wülfrath und Mettmann, und einige Leute erinnern sich noch an den großen und großartigen Uwe Johnson, der alle überragte und nach der Lesung mit den Leuten ein Bier in der Stadthallenschänke trank.

Was auf der *Spiegel*-Bestsellerliste steht, ist da. Nobelpreisträger dauern ein paar Tage, dann liegen sie im Schaufenster. Helmut Schmidt und Helmut Kohl stehen nebeneinander im Regal, Hans Küng und Günter Wallraff sind Dauergäste. Wie der Papst.

Was nicht da ist, wird besorgt oder vorbestellt. Stammkunden, die einen bestimmten Autor irgendwann gekauft haben, werden angerufen, sobald etwas Neues erscheint. Und wenn man nicht weiß, was man seiner Nachbarin zum Geburtstag schenken oder dem Gemüsehändler zu einer Einladung mitbringen soll, kann man fragen. Die Rüger-Frauen wissen, was die Nachbarin liest. Und packen es hübsch ein.

Mit den Millionen digitalen Titeln im Internet (und den vielen kostenlosen Klassikern) kann die Buchhandlung nicht mithalten. Bei gedruckten Büchern ist das anders. Die kosten nicht mehr, sind genauso schnell oder schneller da – und können mit einer Mail selbst mitten in der Nacht bestellt werden. Amazon-Link genügt.

Es gibt viele kleine Schaufenster. Eins für Kultur, eins für Veganer, eins für Mädchen, eins für Kinder, ein Schaufenster für Leseratten, eins für Schüler und eins für Lehrer und Besserwisser, die ohne den allerneuesten Duden nur ein halber Mensch wären. Das schönste Fenster ist das Kulturfenster. Kein einziges Buch, aber alle wichtigen Informationen, ohne die das Kulturleben im Ort zusammenbrechen würde. Das Fenster ist zugekleistert: Ausstellung vom örtlichen Kunstverein, Flötenkonzert im Mariendom, »Jesusinspirierter Wohnzimmerpop« in der evangelischen Stadtkirche, Schachabend im Café am Brunnen, Laternenfest in der Fußgängerzone, Mittelaltermarkt vor »Schloss Dauerbaustelle«, Gesundheitstag vom Dorfapotheker.

Direkt daneben die Veganer, die auf dem besten Weg sind, den Apotheker und den Schulmediziner überflüssig zu machen. Glauben sie.

Basisches Kochen ist nicht mehr aktuell, also nicht mehr im Schaufenster, vegetarisches Kochen ist nach wie vor da, Ayurveda hält sich gerade noch im Regal – und Karin Duves *Anständig essen* muss bestellt werden.

Wie jede Religion hat der vegane Glaube Anhänger und Gegner. Die einen treffen sich beim Gemüsemann (der einen guten Braten mehr liebt als sein eigenes Grünzeug), die anderen beim Metzger in der Fußgängerzone. Oder beim Biometzger im Bahnhofsviertel.

Metzger Schmidt hat einen schönen Laden. Sein Ladenbauer durfte sich austoben und hat Klein-Neviges gebaut. Deckenmalereien wie in der Sixtinischen Kapelle – aber ohne Adam und Eva –, die wichtigsten Bauten des Dorfes dreidimensional aus Pappmaschee und überall Malereien mit leicht falschen Perspektiven, die das Gesamtkunstwerk richtig sympathisch machen. Er teilt sich den Laden mit dem Bäcker, der die Brötchen für die Leberkäse- und Mett-brötchen liefert. Mittags gibt's ein Stammessen für kleines Geld, immer mit viel Fleisch und deftig, außer freitags, dann gibt's Rotbarsch mit Senfsoße oder Heringsstipp mit Pell-kartoffeln. Samstags gibt's Eintopf.

Im Schaufenster die Meisterbriefe, Diplome und Pokale, zum Beispiel die Goldmedaillen für die geräucherte Leber-wurst und für den Kochschinken, den, selbst gemacht von Herrn Schmidt, nur seine Mitarbeiterinnen vernünftig auf-schneiden. Hauchdünn. Der Vater konnte das nie. Oder wollte das nicht.

Aber die Ziesenwurst, *seine* Ziesenwurst, inzwischen vom Junior übernommen, gehört zu den besten Sachen, die man im Laden kaufen kann. Den Kartoffelsalat dazu, »nach Bayernart«, füllt er in kleine Töpfchen aus Plastik. Noch. Der Laden verabschiedet sich gerade von Kunststoffver-packungen. Die Papiertütchen und das Einwickelpapier, mit denen man sich in der Fuzo sehen lassen kann, sind eh schö-ner.

Familie Schmidt kommt aus Bayern. Sie ist schon eine Ewigkeit im Kaff, kann jedoch das Feiern nicht lassen. Im September das Oktoberfest mit Weißwurst und Schweins-haxen, Leberknödeln und blauweißen Rauten überall im und vor dem Laden. Das Personal verkleidet sich einheit-lich ausheimisch, und die Brötchenverkäuferin macht mit. Bei Welt- und Europameisterschaften im Fußball geht's um die Wurst. Herr Schmidt dekoriert das Schaufenster mit kleinen Fußballerfiguren auf Kunstrasen und textet: »Qua-lität zur WM. Auf dem Feld – und in der Pfanne«. Das kann kein Werbetexter besser.

10

Franz Beckenbauer, Boris Becker, Howard Carpendale, Alice Cooper, Rod Stewart, Fritz Wepper, Alfons Schuhbeck, Konstatin Jacoby (der frühere Chef einer bekannten Werbeagentur) spielen Golf. Macht ihnen vielleicht nicht so viel Spaß wie Fußball, aber für Fußball sind sie zu alt – wie die meisten Spieler, die ein erfolgreiches Berufsleben hinter sich haben, noch nicht reif sind für Rücken- oder Stuhlgymnastik und einfach deshalb mitspielen, weil Leute in feinen Kreisen eben golfen oder Eisen sieben auf der Hutablage ihrer schönen Fahrzeuge spazieren fahren. Ohne Handicap auf der Rückseite der Visitenkarte (oder ohne Prominews in der *Bunten* oder in der *Gala*) sind sie nix. Denken sie. Früher spielte man Tennis (auf der Grundlinie), trank sein Bierchen im Pferdestall, spendete Geld für den Turnverein oder machte gar nix. Golf ist gesund, man ist an der frischen Luft, bewegt sich zumindest etwas, lernt wichtige, einflussreiche Leute kennen, die andere wichtige einflussreiche Leute kennen. Der einzige Haken: Golf ist teuer. Man muss einiges tun für die Platzreife und viel bezahlen, wenn man dabei sein will. Die Mitgliedschaft in einem Club, die Klamotten, die Ausrüstung gehen ins Geld. Nix für Normal-

oder Geringverdiener in der Provinz, wo die schönen Golf-plätze liegen.

Der erfolgreichste Golfplatz in Neviges ist nicht der Platz neben dem hochdekorierten Restaurant von Familie Stemberg (das Lokal schmückt sich mit einem Stern der französischen Reifenfirma), sondern der Platz zwischen Schloss Hardenberg und der S-Bahnlinie 9 nach Essen und Wuppertal. Die Bahn fährt alle zwanzig Minuten in beiden Richtungen vorbei. Wenn man drinsitzt, kann man für zwei, drei Sekunden auf die schöne Anlage gucken, die etwas klei-ner ist als ein richtiger Golfplatz und deshalb Minigolf heißt.

Minigolf, oft belächelt, wird in Neviges sehr ernst genom-men. Die erste Mannschaft ist mit dreiundzwanzig deut-schen Meistertiteln in Folge die erfolgreichste Minigolf-mannschaft Deutschlands. Die aktuellen Meister, eine Frau und acht Männer, trainieren auf den achtzehn Bahnen mit eigenen Schlägern und Bällen in ihrer Freizeit. Groß ange-sehen oder berühmt sind sie nicht. Die Wikipedia-Seite über das Kaff führt sie erst gar nicht auf.

Uwe Binder hat die Anlage irgendwann von seinem Va-ter übernommen. Er lebt dafür – und davon. Schläger aus-leihen und eine Runde spielen kostet drei Euro fünfzig oder zwei Euro für Kinder. Würstchen und Frikadellen mit Kar-toffelsalat oder diagonal geschnittenem Toastbrot sowie Weizenbier, Filterkaffee, Eis und selbst gemachter Kuchen mit Sahne aus der Sprühdose sind die zweiten Geldbrin-ger des kleinen Unternehmens. Neben der Kassenbude mit Kühlschränken und Arbeitsflächen für die Zubereitung der Sachen, der überdachte Außenplatz mit Wachstuchtischdecken und den im Kaff so beliebten unkaputtbaren Monoblockplastikstühlen mit etwas zu großen Sitzkissen und dem Kofferradio mit Radio-Neandertal-Musik. Gemütlich.

Wer aufs Klo muss, holt sich den Schlüssel am Thekenbrett.

Geraucht werden darf überall. Neben jeder Bahn ragt ein kleiner Ständer aus Metall mit Aschenbecher aus dem Boden. Etwas unsportlich vielleicht, geht aber nicht anders, weil die Spieler oft lange auf die vor ihnen spielenden Familien warten müssen, was dauern kann – und rauchen.

Das Betreten der Bahnen aus Faserzementplatten ist verboten. Machen die Kinder trotzdem, dürfen sich bloß nicht erwischen lassen. Wie beim Golf gibt es feste Regeln, allerdings andere: Mehr als sechs Schläge pro Bahn sind nicht möglich (aufgeschrieben werden dann sieben), wer andere behindert oder sich unsportlich verhält, ist draußen. Wenn sich Kinder über den verpatzten Ball ihres Vaters lustig machen, ist das nicht unsportlich, sondern richtig.

Wer ein Ass schlagen will, kann sich im Internet über die Tücken jeder einzelnen Bahn informieren oder sich an den Kerben in den Banden orientieren, sollte sich aber nicht darauf verlassen. Zickzackschläge sind die schwierigsten Übungen dieser Präzisionssportart und sorgen zudem für viel Heiterkeit – neben dem Spielfeld. Bahn 18, »Blitz«, ist deshalb bei Zuschauern die beliebteste. Liegt genau vor den unbequemen Außenplätzen aus Beton mit den viel zu großen Abständen zwischen Tisch und Bänken. Sei's drum, im Sommer sitzt man wunderbar, hat alles im Blick – und wenn man Glück hat, den ganzen Tag Sonne.

Während der Schulferien ist der Platz rappelvoll. Nicht

jede Familie im Kaff kann sich eine Ferienreise leisten, also Minigolf spielen oder nix tun, etwas lesen, mit dem iPhone rumspielen, quatschen – und beim Uwe essen. Bei gutem Wetter wird gegrillt. Vor dem Platz neben der kleinen Miniscooterbahn für die ganz Kleinen und hinter Bahn eins mit den Pyramiden: Würstchen, vermutlich von Herrn Schmidt, weil sie so gut schmecken, und Steaks. In der Mitte des Platzes zwei oder drei Tische mit zusammengewürfelten Stühlen unter dem Baum, der etwas Schatten spendet. Wenn die Küchenhilfe da ist, bringt sie die Würstchen, den Kartoffelsalat, das Besteck und das Weizenbier rüber. Kassiert wird später. Man kann stundenlang bleiben, den Spielerinnen (oder Spielern) zugucken oder den Fischen im Teich nebenan. Die Küchenhilfe hat seltene Exemplare aus Japan in den Teich gesetzt. Ein Wunder, dass die Tiere noch nie geangelt wurden.

Kindergeburtstag geht auch: Dekorierter Geburtstagstisch, Luftballons, Waffeln mit Puderzucker, Bockwurst mit Pommes, drei Getränke, eine Runde Minigolf – Geburtstagskind umsonst – kosten neun Euro pro Kind. Das »Rundumsorglos-Paket« von Uwe Binder gibt's ebenfalls für Schulklassen oder Betriebsfeiern und ist allemal besser als ein Geburtstag (oder ein Plausch mit dem Chef) bei McDoof.

Die schönste Variante in Neviges nennt sich Crossgolf, ist aber nicht ungefährlich, weil man mit richtigen Eisen und harten Bällen spielt. Der ideale Platz ist die Wiese vor Tassos Kneipe – der beste Tag ist der Sonntag, die beste Zeit ist frühmorgens, wenn die Mönche beten oder den Dom für die erste Messe aufräumen und die Einwohner noch in den Betten liegen. Abschlag ist vor dem Biergarten, Ziel das Ende

der Wiese vor dem Kreuzweg. Oder – Erfahrung vorausgesetzt – das Flachdach des Kindergartens vor dem Dom.

Früher gingen einige Gäste nach einer langen Nacht in
der Kneipe nicht nach Hause, sondern auf die Wiese. Golf
spielen. Popy war der Beste. Sein Golfball flog einmal über
den Kindergarten direkt auf die Via Sacra. Passiert ist nix.
Hätte aber. Nicht auszudenken, wenn Popy einen Pilger
erlegt hätte. Der Dom wird sonntags um neun Uhr geöffnet.

11

»Ich weiß manchmal gar nicht, in welcher Stadt ich mich gerade befinde«, sagte neulich eine bekannte Popsängerin auf ihrer »Deutschlandtournee«. »Bin ich in Mannheim? Oder ist das hier schon Münster?« Die Arme. Könnte sich alles angucken, sie hat doch tagsüber frei, wenn sie ausgeschlafen hat.

Vielleicht lohnt es sich aber gar nicht mehr. Die Innenstädte in Deutschland gleichen sich wie ein Ei dem anderen. Handyläden, Kosmetikketten, Klamottenläden, Fast-Food-Restaurants, Hotelketten, Coffeeshops, Warenhäuser oder was von dieser Gattung noch übrig geblieben ist, und – Shoppingcenter. Wer dort die Rolltreppe rauffährt, dem geht es wie der Sängerin. »Bin ich hier in Münster, oder ist das Wuppertal oder Hamburg? Habe ich nicht alles vor vier Wochen bereits in Stuttgart gesehen?«

Da geht es den Menschen in Kleinstädten etwas besser. Noch gibt es kleine, unverwechselbare Wirtshäuser, Hotels, die den Namen ihres Besitzers tragen. Noch. Wären da nicht größenwahnsinnige Bürgermeister, die sich mit einem eigenen Shoppingcenter ein Denkmal setzen wollen und ganze Viertel plattmachen. Für die leer stehenden Warenhäuser finden sie längst keine Übernahmekandidaten mehr. Also muss etwas Neues, Einmaliges her. Bei genauer Betrachtung ist es mit der Einmaligkeit allerdings nicht weit her. Die überall rumstehenden häßlichen Flachdach-Kästen mit Bau- und Elektromärkten zeigen das. Die Verödung und Verblödung hat irgendwelche Gründe, die der normale Mensch nicht mehr versteht. Wie auch, wenn er in seiner Innenstadt keine Schraube und keinen Schraubendreher mehr kaufen kann?

Der Elektroladen befindet sich in der Fußgängerzone gegenüber vom Metzger Schmidt. Die Elektrofrau malt in ihrer Freizeit, hat einen Hund – und alles da, was man so braucht: Glühbirne für den Kühlschrank, zweiadrige und dreiadrige Kabel als laufende Meter, Lichtschalter, Geschenkartikel mit Steckdose, Lüsterklemmen, Klingeln, Lampen, glasklare und farbige Glühbirnen, Energiesparlampen, Halogenlampen, Zwischenschalter, Dimmer, Kaffeemaschinen, Mixer – und einen Sessel zum Ausruhen. Sie bestellt beim Großhändler oder beim Hersteller, die ständig mehr liefern wollen, als sie verkaufen kann, weil der Laden klein ist und die Kundschaft *einen* Stecker kauft und nicht fünfzig. Unter fünfzig, sagt sie, brauche sie beim Großhändler erst gar nicht anrufen. Wenn die Abnahmemengen zu groß sind und es sich nicht lohnt, besorgt sie die einzelnen Sachen irgendwo und gibt sie ohne Aufpreis weiter. Hauptsache sie sind da.

Ihre Schaufenster sind Kunstwerke, die sie ständig umdekoriert. In der Weihnachtszeit verwandelt sie ihren kleinen Laden in einen großartigen Weihnachtsmarkt, stellt Spielzeugkarussells ins Schaufenster, hängt Lichterketten unter die Decke, stellt kleine Lampen in die Regale, leuchtende Bilderrahmen, funkelnde Tannenbäumchen, Spieldosen, tanzende Püppchen, Kugeln, Engel mit Harfen. Reich werden kann sie damit nicht. Aufwand und Ergebnis stehen in keinem wirtschaftlich sinnvollen Verhältnis, aber die Elektrofrau hat einen tollen Job. Kein Chef, der ihr ständig auf die Finger schaut, und keine Stechuhr. Hätte sie eine, würde sie schnell merken, dass ihr Stundenlohn nicht besonders hoch ist. Sie arbeitet sehr viel.

Sie ist Einkäuferin, Buchhalterin, Lagerarbeiterin, Verkäuferin, Putzfrau und Marketingfrau in einer Person. Was wollen die Menschen in Neviges kaufen, die schon alles haben – außer Geld? Wie kann man sie in den Laden locken? Mit Kugel- oder Eierlampen aus Opalglas oder mit der niedlichen Lampe »Mister P.« mit Ein-Aus-Schalter in Penisform? Schalter oben: Licht an, Schalter unten: Licht aus (hatte sie mal im Schaufenster, musste aber zurück ins Regal, weil jemand das nicht gut fand). Brauchen die Leute noch Steckdosenleisten und Verlängerungskabel? Oder wollen sie ein exakt zwei Meter siebzig langes textilummanteltes Kabel mit Flachstecker zum Aufschrauben? Sucht jemand etwa ganz normale Glühbirnen, die nicht mehr produziert werden dürfen, oder eine Klingel mit verstellbaren Klingeltönen? Oder *bloß* einen Elektriker? Die Elektrofrau kann helfen.

Mittags sitzt sie mit ihrem Hund im Café Monsieur M. und denkt nach. »Was wäre, wenn ich mich beim Laternenfest im Oktober selbst übertreffe? Sieht das überhaupt jemand? Oder kann ich mir das schenken?« Kann sie nicht. Die Elektrofrau hat die schönste Laternenfestdekoration weit und breit. Seit Jahren. Sie will noch besser werden. Wird sie auch.

Lampenmänner bei der Lampenfrau in der Fuzo

Hose drei Euro, Oberhemd vier Euro, Mantel sechs Euro, Buch dreißig Cent. Das geht, weil die Einwohner im Kaff diese Sachen vorher verschenkt haben. Die Leute vom Sozial Orientierten Service, dem S.O.S.-Team, arbeiten sie auf, waschen, reinigen, bügeln sie, nähen Knöpfe an, machen alles wie neu – und verkaufen sie. Es gibt einen kleinen Laden in der Fußgängerzone und ein kleines Kaufhaus im Bahnhofsviertel.

S.O.S. ist ein soziales Projekt und beschäftigt etwa zwanzig Mitarbeiter, die für den ersten Arbeitsmarkt fit gemacht werden. Wer Glück hat, findet irgendwann einen Job, obwohl es im Dorf wenige Jobs gibt, von denen man anständig leben kann. Der Einzelhandel hat keine, die Gastronomie auch nicht. Der erste Arbeitsmarkt hat sich vom Kaff

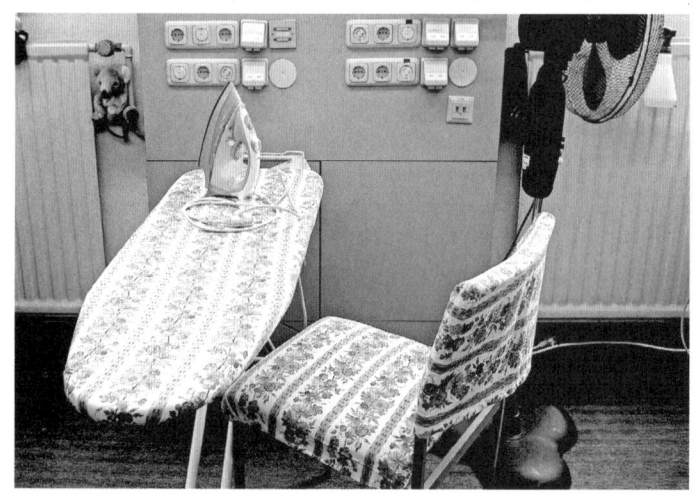

Boutique Tragbar: Waschen, bügeln, für kleines Geld verkaufen

Damenoberbekleidung im Ferienzimmer des S.O.S-Teams

vor einigen Jahren verabschiedet. Gute Fachkräfte haben Möglichkeiten, Menschen ohne Ausbildung oder mit dem falschen Beruf haben keinerlei Chancen.

Es gibt Abteilungen für Frauen, für Männer und für Kinder. Im Angebot sind Hausrat, Spiele, Schallplatten, Taschen, Koffer, Lampen, Monitore, Filme, Kleinmöbel, Handtücher und Stoffe. Kühlschränke, Waschmaschinen, Spülmaschinen, Herde, Fernseher und alles, was dringend gebraucht wird, wird irgendwie irgendwo besorgt. Dauert ein paar Tage, wird aber erledigt, weil der Laden gut vernetzt ist. Wenn irgendwas nicht da ist und nicht besorgt werden kann, zum Beispiel rote Pulswärmer, setzt sich die Leiterin der Einrichtung hinter die Ladentheke und strickt welche. Hemden mit schmalem Kragen, Selbstbinderfliegen oder knöpfbare Gordon-Gekko-Hosenträger? Gut möglich, dass alles vorhanden ist.

Für junge Familien ist das Sozialkaufhaus ein Glücksfall, weil alles da ist, was bloß für kurze Zeit gebraucht wurde und jetzt anderweitig wieder gebraucht wird. Die erste Babyausstattung, ein Kinderwagen, der Laufstall, Spielzeug, Dreiräder, Roller, Rollschuhe, Mützen, Kindersitze, Kinderbettchen, Kleider, Jacken, Jeans, Schulranzen, Bilderbücher. Alles!

Viermal im Jahr gibt es Prozente, kostenlose Getränke und Bratwurst vom Grill mit Kartoffelsalat und Gürkchengarnitur für wenig Geld. Dann kostet ein Buch, zum Beispiel das in Leinen gebundene Beuys-Buch von Heiner Stachelhaus, vierundzwanzig Cent. Vor dem Kaufhaus lange Tische, die Getränke darauf in Reihen verteilt, damit jeder etwas kriegt, Musik von Radio Neandertal aus dem Kofferradio.

Sobald es mittags losgeht, kommen die Mütter mit ihren Kindern, die Rentner mit ihren Wägelchen und die Schnäppchenjäger. Zwanzig Prozent auf alles oder fünfzig Prozent auf Saisonwaren sind schon ein Pfund. Wer die billigen Sachen bei eBay vertickt, was vorgekommen ist, hat für alle Zeiten verschissen.

Viele Sachen sind neu. Alles andere wird repariert oder geprüft. Fehlen Knöpfe? Sind alle Schachfiguren vorhanden? Funktioniert der Wecker? Geht der Monitor? Sind Bücherseiten rausgerissen? Krankenschwester Sabine kommt seit Jahren jeden Montag ins Kaufhaus und prüft Spielzeug auf Vollständigkeit und Funktion. Ehrenamtlich.

Im November wird das Weihnachtszimmer eingerichtet. Es gibt alles! Kerzenständer, Tannenbaumständer, Weihnachtskugeln, Krippen, Spielorgeln, Lichterketten, Engel, Kerzenhalter. Viel Neues, jedoch auch wunderschön Altes, das man in keinem Shoppingcenter finden kann. Vielleicht beim Antiquitätenhändler in der Großstadt.

Das Angebot ändert sich ständig, weil viel weggeht und viel reinkommt. Es gibt Kunden, die fast täglich vorbeischauen. Frauen, die Kleider abgeben und Blusen kaufen, Männer, die eine Jeans suchen und mit einem Stapel Bücher rausgehen. Jugendliche, die wenig Geld haben, Leute, die viel Geld haben, aber lieber Gebrauchtes tragen, und Leute, die mit jedem Cent rechnen müssen. Für viele ist das Kaufhaus ihre Boutique. Und für viele die einzige Möglichkeit, sich gut zu kleiden. Neuerdings kommen Leute vom Theater. Für sie ist das Kaufhaus eine wahre Fundgrube. Und für Jecken.

Mit Senf? Mit Majo? Oder lieber rot-weiß?

12

Die Suche nach einem guten Anstreicher ging ewige Zeiten so: Man guckte unter A in den »Gelben Seiten« und wählte die Telefonnummer ohne Vorwahl. Am Ende der Leitung war der Meister oder seine Frau – und keine Hotline, die Maler und Lackierer vermittelt. Das Telefon hatte keine Tasten, kein Telefonverzeichnis und keine Funktionen, die heute selbstverständlich sind, hing fest angeschlossen an der Wand oder stand auf dem Telefontischchen. Daneben ein Stapel Telefonbücher – auch welche aus der Nachbarstadt oder der Stadt, in der Freunde und Verwandte lebten. Wegschmeißen kam nicht infrage. Jahrelang kritzelte man darin herum oder strich an – Zettel wurden eingelegt und Eselsohren eingeknickt. So etwas Wertvolles warf man nicht weg. Ein Anruf bei der Auskunft war teuer, die Flatrate gab es noch nicht, auch nicht das Internet. Bloß Ortsgespräche und Ferngespräche.

Hundert Jahre vorher wurden die »Gelben Seiten« in Amerika erfunden. Das gedruckte und heute im Internet veröffentlichte Branchenbuch gibt es in allen Ländern der Welt. In Deutschland findet man etwa vier Millionen Einträge. Wer unter A im Internet etwas sucht, sieht zuerst den

Eintrag »Apotheken« und unter Z den Eintrag »Zahnärzte«. Der Anstreicher steht entgegen der alphabetischen Reihenfolge unter dem Apotheker, weil die »Gelben Seiten« wie jede andere Suchmaschine funktionieren. Häufig gesuchte Branchen stehen oben.

Die Suche nach einem guten Anstreicher (oder Schreiner oder Dachdecker) läuft im Kaff etwas anders. Man geht nicht ins Netz, sondern fragt den Frisör, den Arzt oder die Nachbarin. Der Frisör kennt »den Besten«, der Arzt kennt einen, der alles aus- und einräumt (und alles sauber wieder hinterlässt), und die Nachbarin kennt jemanden, der einen guten Anstreicher kennt, der sich mit Fachwerkhäusern und Wänden aus Lehm bestens auskennt. Kein guter Handwerker würde Tapete auf Lehmwände kleistern, weil die den Lehmwänden den Atem nimmt. Vorausgesetzt, er hat Erfahrung mit Schimmel und Pilz und anderen Krankheiten, die Häuser kaputt machen. Im Kleister steckt nämlich eine Menge Chemie. Für Lehmbauten auf dem historischen Kirchplatz wäre das eine Katastrophe. Für die Bewohner auch.

Wie wichtig Können und Erfahrung sind, sieht man überall an ausblutenden Fassaden aus Sichtmauerwerk. Den Maurern in Norddeutschland passiert das nicht, die können das. Alle anderen müssten das erst lernen. Und das dauert. Wer in Neviges baut oder umbaut, wird sich deshalb auf Experimente kaum einlassen – das wird nix – und sich lieber an der niederbergischen Baukunst orientieren: Schiefer auf der Wetterseite, der Rest wird verputzt, wenn kein Holz und kein Lehm für eine schönere Fassade zur Hand sind –

oder wenig Geld. Die in Neviges beliebte Fischschuppen-
deckung aus Schiefer kann kein Anfänger.

Die Fenster – aus Holz – werden weiß gestrichen, die So-
ckel verschieferter Fassaden hellgrau und die Haustüren
und Schlagläden dunkelgrün. Alles andere tut weh. Zum
Glück stehen viele Häuser unter Schutz – Denkmalschutz.
Was fehlt ist ein vorbeugender Schutz. Eine Unfallver-
sicherung für verunglückte Häuser. Eigentlich die Aufgabe
des Bauamts, aber das Bauamt kann oder will das nicht.
Schlechte Architektur sehen vorher nur gute Architekten,
die Pläne lesen können. Wenn die hässlichen Bauten erst
einmal stehen, sieht das jedes Kind. Wie konnte das passieren, heißt es dann.

Die Antwort ist einfach: Es fehlt an richtigen Bauherren. Nicht, dass es keine Leute mehr gibt, die im eigenen
Haus leben wollen – die meisten wollen –, doch die, die das
irgendwann können, bauen nicht mehr. Sie kaufen. Vom
Bauunternehmer. Das Ideal »Bauherr und Architekt als
gleichberechtigte Partner, die abends stundenlang beim
Rotwein zusammensitzen und am Bauwerk tüfteln« ist ein
Auslaufmodell. Die meisten Bauherren sehen die Leute gar
nicht, die ihr Haus am Rechner zusammenschustern, weil
die Rechner mit gruseligen Datenbanken irgendwo stehen.
Die Daten für Haustüren, Fenster, Fassadenverkleidungen,
Wärmedämmungen, Badewannen und Innentreppen werden längst von der Bauindustrie geliefert. Die Ausschrei-
bungstexte gleich mit.

Gute Handwerksbetriebe findet man dagegen immer
noch. Zum Beispiel den Laden von Raumausstatter Reinecke. Seine Sachen sind Geschmackssache. Polstermöbel

wie beim Möbeldiscounter oder bei Ikea (bloß gemütlicher), Gardinen und Fensterschals wie früher bei Marianne Koch in der Fernsehwerbung. Paradekissen, Sofakissen, Bettwäsche in leuchtenden Farben, Bodenbeläge, Betten, Matratzen, Fernsehsessel mit und ohne Motor, Wohnwände mit riesigen Freiflächen für riesige Flachfernseher, Tische und gepolsterte Stühle. Nicht die von Vitra oder Hansen oder die aus *Schöner Wohnen*, sondern Stühle, die Herr Reinecke und viele Leute in Neviges für modern halten.

Der Unterschied zum Discounter und zu Ikea ist gewaltig. Herr Reinecke kommt ins Haus. Misst die Wände, die Fenster und den Boden aus, bringt Muster mit, und wenn man sich einig ist, kommen seine Leute, tragen die Möbel aus dem Wohnzimmer in die Diele, reißen den alten Boden raus, verlegen den neuen, stellen die Möbel wieder rein – und nehmen den alten Bodenbelag mit. Gardinen werden aufgehängt, Polstermöbel neu bezogen. Das lohnt sich kaum noch für den Betrieb – aber für die Kunden. Wer gibt schon gerne seinen Lieblingssessel für immer weg, nur weil ein paar Flecken drauf sind?

Vor dem Schaufenster der Firma wundert man sich, was sich die Leute vors Fenster hängen. Manche Gardine sieht aus wie Omas alte Unterhose, hat jedoch durchaus ihren Reiz. »Deutschlands häufigstes Wohnzimmer«, eine Musterwohnung der Hamburger Werbeagentur Jung van Matt, könnte Reinecke komplett liefern. Vielleicht hat er das sogar.

**Sieht aus wie Omas Unterhose, ist aber keine.
Gardine beim Raumausstatter**

Frisörmeisterin Helga Wegemann ist 2012 gestorben. Ihre Wohnung über dem Frisörladen am Kirchplatz hat Herr Reinecke jahrzehntelang verschönert. Sah am Ende aus wie eine liebevoll kuratierte Museumsausstellung zum Thema Gemütlichkeit: schwere Polstermöbel, riesige Wohnzimmerwand mit bleiverglasten Fenstern für die Sammeltassensammlung, Tisch mit Glasoberfläche und Sonnengeflecht aus Bast. Chippendale. Oder ähnlich. Jede aufgeschlagene Fernsehzeitung, jeder rumliegende Aktenordner hätte die Ordnung im Wohnzimmer empfindlich gestört. Flauschiger Teppichboden und dicke Teppiche mit Orientmuster, die alle etwas schräg liegen. Schwere Tapeten, Grundfarbe beige mit etwas Puder. Rosa Puder. Wunderschön: die gesteppte, glänzende Tagesdecke auf dem Bett, die riesige

Einbauküche in L-Form auf dem Fliesenimitatboden in der Wohnküche. Ein tolles Szenario zum Verlieben.

Helga Wegemann war eine elegante Frau und die bekannteste Frisörin im Ort. Ihr Mann, Frisörobermeister Otto Wegemann, schnitt unten den Männern die Haare und verkaufte ihnen Zigarren – sie legte Dauerwellen auf der ersten Etage. Der Laden beschäftigte in guten Zeiten zehn Leute. Alles Frauen, bis der Gerd, ihr Neffe, dazukam. Der war Hahn im Korb – und ließ nichts anbrennen. Angeblich. Gerd Riedel, immer noch bekannt wie ein bunter Hund, kommt jeden Donnerstag aus dem Nachbarkaff Wülfrath nach Neviges. Mal mit dem 470 PS fetten Sportmercedes, mal mit dem Trecker, den er sich für kleine Fahrten in der Umgebung gekauft hat. Gerd hat Kariere gemacht. Mit eigenen Läden in Wülfrath und Wuppertal-Dönberg und mit Bühnenshows in ganz Europa. Den »Jessetter«, eine Schweizer Erfindung für Dauerwellen ohne Trockenhaubenprozedur, führte er in London vor. »Ging ab wie Zäpfchen«, sagt er. Max Schmeling, Boxweltmeister im Schwergewicht, war sein Kunde. Inzwischen ist Gerd etwas ruhiger geworden. Sein Mopedmuseum im alten Frisörgeschäft, lange Zeit das einzige Museum in Neviges, hat er aufgelöst und den Laden vermietet. Sein Kollege, der Friedel, hat sich irgendwann das Leben genommen, weil es nicht mehr gut klappte mit den Frauen. Er hängte sich auf. An einer Trockenhaube. Zu seiner Beerdigung kamen über zweihundert Frisörinnen aus Nordrhein-Westfalen.

Blumenfrau Petra fährt nach Hamburg, Amsterdam, Köln, München, Frankfurt am Main und Frankfurt an der Oder zur

Arbeit. »Frankfurt O«, sagt sie, »ist die Hölle«. Die Großstadt Hamburg ist ihre Lieblingsstadt neben Agia Galini auf
Kreta. Das kleine Kaff auf der Insel besucht sie, sooft sie
Zeit und Geld hat. Griechenland ist teuer geworden. Wenn
sie könnte, würde sie irgendwann hängen bleiben.

Ihr Blumengeschäft hat sie nach zwanzig Jahren vor einigen Monaten geschlossen. War piekfein ihr Laden, hat sich
aber nicht mehr gelohnt. Zwanzig Tulpen für fünf Euro wie
auf dem Wochenmarkt kann eine Floristin nicht anbieten.
Ein gebundener Strauß mit Grünzeug und Einwickelpapier
aus Cellophan kostet deutlich mehr, bloß ist er im Kaff nicht
einfach zu verkaufen. Die Leute sparen. Ihre Adventsaus-
stellung im November in und vor ihrem Laden war ein Er-
eignis. Blöd nur, dass es sich am Ende nicht mehr gerechnet
hat. Jetzt arbeitet sie im Auftrag überall in Deutschland. Für
Hotels, auf Events und Messen, auf Hochzeiten – und sie
beliefert die Gastronomie. Ihre Arbeit ist gefragt. »Früher
habe ich das Geld, das ich draußen verdiente, in den Laden
gesteckt. Jetzt ist es meins, und ich arbeite weniger.« Petra
ist gut vernetzt. Bei Agenturen, Hochzeitsveranstaltern, bei
Twitter und bei Facebook. Das bringt Freunde – und Kunden. Sie hat neuerdings ein kleines Studio im Lager der Werbegemeinschaft. Halb Laden, halb Werkstatt. Schöne Atmo-
sphäre, weil sie an den Räumen nix machen musste. Sachen
rein und fertig. In der Mitte der große Arbeitstisch, in der
Ecke am Fenster der Computerarbeitsplatz und ringsum
die Regale mit dem angesammelten Fundus. Das Gebäude
steht etwas abseits im Hinterhof. Vis-à-vis hat Herr Reinecke seine Matratzenausstellung.

Herr Ballauf ist Uhrmacher und spielt Golf in Mettmann. Die Nevigeser Plätze sind ihm zu hügelig. Herr Ballauf ist zweiundachtzig. Seine Frau Margot hat er auf dem Tennisplatz in Wülfrath kennengelernt. War erst nix mit den beiden. Aber ein Jahr später traf er sie in Bad Hönningen am Rhein wieder. Zufällig. Da hat es gefunkt. Inzwischen ist das Paar achtundfünfzig Jahre verheiratet. Wenn er Feierabend hat, fährt er mit seinem alten Mercedes zu seiner schönen Villa nach Tönisheide. Margot wartet schon. Es gibt Butterbrote mit Aufschnitt, die sie für ihn schmiert. Mittags wird warm gegessen.

Sein Großvater war Uhrmacher, sein Vater war Uhrmacher, und Herr Ballauf kann sich keinen schöneren Beruf vorstellen. Mit vierundzwanzig war er bereits selbstständig. Der Laden liegt zwischen der Apotheke am Brunnen und dem Reisebüro. Der Apotheker ist erster Vorsitzender der Werbegemeinschaft, der Reisebüromann zweiter Vorsitzender. Er ist spezialisiert auf Amerikareisen und Dorfverschönerungen. Der Neviges-Euro war seine Idee. Herr Ballauf war früher aktiv dabei. Jetzt ist er zahlendes Mitglied.

Sein Laden hat zwei Schaufenster, die abends mit Scherengittern gesichert werden. Eine Nachtdekoration braucht er nicht. Es gibt keine teuren Uhren, die im Tresor übernachten müssten. Herr Ballauf hat gut zu tun, weil er freundlich ist und Sachen macht, die man im Internet nicht kriegen kann. Batterien wechseln, Armbänder kürzen, Uhrwerke reinigen oder alten Schmuck aufpolieren. Auf seinem Arbeitstisch im Hinterzimmer liegen die Lupe und das Werkzeug fein aufgereiht nebeneinander. Jedes Teil hat seinen Platz. Der Tisch ist höher als ein normaler Schreibtisch.

Vierundneunzig Zentimeter. Ein krummer Rücken, sagt er, kommt von alleine. Da muss sich ein Uhrmacher nicht auch noch unnötig bücken. Das gerade Sitzen hat er beim Reiten gelernt. Die Werkstatt ist schöner als der Laden. Es tickt und schnurrt an den Wänden, und in dem kleinen Kästchen über dem Arbeitsplatz liegen alte Schätzchen, die als Ersatzteile vielleicht noch mal gut genug sind. Verkaufen kann man so etwas in Neviges nicht. Der Tresor ist uralt. Sieht aus wie ein Brotschrank aus Holz, ist aber aus Stahl. Ohne Hubwagen oder Kran kann das tonnenschwere Monster keinen Zentimeter bewegt werden. Knacken? Unmöglich.

Am 17. Juni 1985 wurde eingebrochen. Die Täter kamen von hinten, stemmten mit schwerem Gerät die Stahltüren auf und nahmen alles mit, was nicht im Tresor war. Die Schaufenster waren anschließend leer, das Regal mit Kundensachen auch. Und die Versicherung machte das, was sie immer macht. Erst mal nicht zahlen. Der Schaden war gewaltig. »Das Ding hätte mir fast die Existenz kaputt gemacht«, sagt Herr Ballauf. Die Kundenschmuckstücke musste er ersetzen. Die Kripo machte nix. »Der Schaden«, sagte ein Beamter zu ihm, »ist für uns nicht wichtiger als ein geklautes Marmeladenglas bei Frau Müller.« Das saß. Herr Ballauf hat das nie vergessen. Macht er Urlaub? Macht er. Seit 1966 immer in Wyk auf Föhr in der Nordsee. Reitet er noch? Nicht mehr. Wer wissen will, wann er in Rente geht, »soll den lieben Gott fragen«.

13

Zum Rundgang in der Düsseldorfer Kunstakademie kommen jedes Jahr rund 50 000 Menschen. Das Geschiebe und Gedränge ist an manchen Tagen so gewaltig, dass man Mühe hat, einige der fünfundzwanzig Säle zu betreten. Für manche Studenten ist es der Sprung in die großen Galerien und Museen. Für andere ist es der letzte große Auftritt vor dem Taxiführerschein. Die Menschen lechzen nach Kunst. Das Museum Ludwig in Köln ist so populär wie nie zuvor, weil das Museum populäre Kunst zeigt. Pop Art. Die versteht jeder, und die Werke, die gezeigt werden, sind weltbekannt: Die Warhols, die Hockneys, die Sachen von Lichtenstein und Rauschenberg. Da kann sich das Museum zwischendurch schon mal erklärungsbedürftige Kunst leisten. Der neue Direktor hat kräftig aufgeräumt und alles neu aufgestellt. 2014 stand ein Chinese im Eingangsbereich einer Ausstellung und fragte die Besucher nach ihren Namen, drehte sich um und brüllte die Namen in den Ausstellungssaal.

Der Buchladen im Museumsgebäude ist schon Grund genug, die Stadt zu besuchen. Man könnte die wunderschönen·Bücher alle kaufen, müsste aber einen Batzen Geld auf den Tisch legen. Bei vielen Ausstellungen werden die Öffnungszeiten verlängert, weil die Leute sonst nicht reinpassen. Ein Schließfach für seine sieben Sachen zu ergattern, ist schier unmöglich. Wer nach Köln reist, muss rein. Erst in den Dom mit dem schönen Kästchenfenster von Richter, dann ins Museum. In anderen großen Städten ist das nicht anders. Wer an Hamburg denkt, denkt an die Deichtorhallen, wer an Kassel denkt, denkt an die Documenta, und wer an Neviges denkt, dem fällt in dieser Hinsicht nix mehr ein.

Schloss Hardenberg war mal ein Museum für moderne Kunst. Reiner Ruthenbeck war da, Robert Lebeck, der legendäre Fotograf vom *Stern*, auch Thomas Ruff, der später auf der Biennale in Venedig gefeiert wurde. Er hatte in Neviges seine erste Ausstellung. Sogar Karl Lagerfeld gab sich die Ehre. Reiner Ruthenbeck ist übrigens Velberter, genau wie Willy Fleckhaus, der berühmte Artdirector der *twen*, und Friedrich Küppersbusch, der jeden Montag den Lesern der *taz* verrät, was die Borussen gerade machen. Viele Künstler starteten im Kaff und landeten in Kassel. Die Museumsfrau holte die besten Leute – aber der große Erfolg blieb aus, weil die Nevigeser die Ausstellungen mieden wie der Teufel das Weihwasser und die Velberter lieber in der Fußgängerzone einkaufen gingen. Zu den Eröffnungen kamen viele Leute von weither, danach war tote Hose. Geld für Werbung war nicht da. An manchen Tagen war man alleine in der Ausstellung mit Frau Freitag, die im Schloss wohnte und Mädchen für alles war. Museumswärterin, Hausmeisterin und Kunstkennerin. Sie wusste alles, konnte jedoch nicht sagen, warum bei der Kunst zuerst die Höhe eines Bildes und dann die Breite angegeben wird. Ihre Chefin hat

auch gerätselt: wie die meisten. Man konnte sich stundenlang mit Frau Freitag unterhalten – es kam kein Mensch.
Würde heute mit Facebook sicher besser laufen, geht aber
nicht mehr, weil Schloss Hardenberg gerade renoviert und
saniert wird. Seit zwölf Jahren.

Das ehemalige Wasserschloss stammt aus dem 13. Jahrhundert. Es gab einen Wassergraben, eine Zugbrücke und
eine Rüstungskammer – und 1785 einen Großbrand. Danach
wurde umgebaut. Dauerte nur ein Jahr, obwohl der Schaden
verheerend war. Was man nicht brauchen konnte, schmiss
man in den Wassergraben. Danach war das Wasserschloss
kein Wasserschloss mehr, sondern bloß noch ein Schloss.
1908 zog eine Kneipe ein. Mit Biergarten und Bootsverleih
auf dem Schlossteich.

1964 wurde umgebaut. Aus dem Rittersaal wurde ein Sit-
zungssaal für den Nevigeser Stadtrat. 1975 begann das Übel:
Neviges und Langenberg, die reichen Orte, wurden mit der
Arbeiterstadt Velbert zusammengelegt. Die neue Stadt heißt
seitdem Velbert. Ein Fehler. Die Velberter sind die Herren –
und pleite. Man hätte der neuen Stadt einen hübscheren
Namen geben können. Zum Beispiel Niederberg. Die Stadt
nebenan hat gezeigt, wie das geht: Aus Barmen, Elber-
feld und Vohwinkel entstand Wuppertal. Ist zwar ebenfalls
pleite, aber der Name ist schon schön.

2004 wurde das Schloss dichtgemacht. Keine Kunst mehr,
keine Konzerte und auch das Stadtarchiv in der oberen
Etage musste raus. Das Schloss war baufällig. Angeblich.
Vielleicht war ja der vorbeugende Brandschutz mit im Spiel,
vielleicht war das Schloss nicht geeignet für Rollstuhlfahrer.
Vielleicht wollte man es einfach loswerden. Es gab Ideen:

ein Hotel mit Anbau, ein Kindermuseum, eine Kooperation mit dem Wuppertaler Von-der-Heydt-Museum. Die grafische Sammlung sollte rein. Wurde alles nix. Auf den Gedanken, das Schloss- und Beschlägemuseum von Velbert nach Neviges zu holen, ist kein Mensch gekommen.

Irgendwann war das Bauschild weg. Kein Geld mehr da oder keine Lust weiterzumachen. Das entkernte Gebäude ist nur noch eine Attrappe. Sieht von außen ganz nett, von innen jedoch wie nach einem Dronenangriff aus. Um Geld beantragen zu können, müsste man wissen, was mit dem Gebäude später passieren soll. Viele Nevigeser über dreißig, da ist man sich einig, werden die Eröffnung nicht mehr erleben. Den anderen ist das Schloss egal. Sie waren früher auch nie drin.

Die Kunst hängt seitdem in den Schaufenstern leer stehender Geschäfte. Hat nix mit der Kunst im alten Museum zu tun und schon gar nix mit Können, dagegen mit Mühe und Hingabe, Sonnenuntergängen, Blümchen, verschleierten Frauen, Hunden, Katzen, Kästchen und Kringeln. Wenn bloß die doofen Vermietungsplakate nicht wären und die Vermieter, die sich für Kunst nicht die Bohne interessieren. Sobald ein Mieter da ist, fliegt die Kunst raus.

Bei Monsieur M. ist das anders: An der Decke hängen Weihnachtskugeln und handgeschriebene Sätze auf kleinen Zetteln, die sich im Wind drehen, wenn jemand die Tür aufmacht. Sätze wie: »Böse Menschen werden nicht geboren, sondern gemacht«, hat Monsieur im Netz gefunden. Nix Neues, nix wirklich Kluges und schon gar nix Aufregendes, trotzdem fallen sie auf. Wer hat schon Zettel an der

Decke? An den Wänden die Kunst. Keine große Kunst, weil die Wandlampen aus Bast in die Quere kommen würden, sondern kleine. Die Kunst passt sich an, wird aber länger betrachtet als jedes Museumsbild.

Monsieur M. achtet auf Qualität. Guter Kaffee, guter Salat, guter Kuchen, gute Musik (Bauchtanzmusik), gutes Publikum, keine Trinker – im Café gibt's keinen Alkohol – und kaum Leute, die von Kunst etwas verstehen oder wegen der Kunst kommen. Die Kunst im Café ist Dekoration, etwas anderes als die schaurigen Ikea-Drucke im Hochformat und die Zinnteller anderswo, doch eben nur Dekoration. Im Gang zum Klo hängt das alte Neviges unter Glas.

Monsieur M. spricht kein Französisch, sieht jedoch wie ein Franzose aus. Sein Café ist das beste im Dorf. Es gibt Schachabende und Dichterlesungen, Geburtstagsfeiern für Freunde und Gäste, und wenn Fußballwelt- oder Europameisterschaft ist, wird der Orion-Farbfernseher ins Fenster gestellt. Nebenan, beim Griechen, ist dann die Hölle los. Hundert oder hundertfünfzig Leute, die für fünfhundert Leute Krach machen, wenn die deutsche Mannschaft ein Tor verblödet. Vor dem Café sind es sechs oder sieben vom Philoclub, die sonst angeblich nie Fußball gucken, aber jetzt ihren Spaß haben. Wenn ein Tor fällt, fällt es zwei Sekunden vorher bei den Griechen nebenan. Die Technik…

Monsieur und Madame sind seit dreißig Jahren in Deutschland. Früher, vor Neviges, hatten sie einen Laden mit Feinkost im Real in Moers. Lief besser, war allerdings mehr Plackerei mit viel Personal und vielen Sorgen. »Selbstständig sein«, sagen beide, »ist kein Zuckerschlecken, aber wir sind zufrieden. Wenn nur die hohe Miete nicht wäre.«

Das Lokal lebt von seinen Stammkunden. Jeden Morgen kommt Lothar von der Hügelstraße und wirft das iPad an: Rockmusik. Hardrockmusik. Nicht über Kopfhörer, sondern für alle. Und mittags, wenn sie ausgeschlafen haben, kommen die Sozialarbeiter mit ihren Klienten. Bezahltes Kaffeetrinken. Kein schlechter Job.

Die Ritter vom Ritterladen zählen zum Inventar. Das Café ist dienstags und donnerstags ihr Vereinslokal, und wenn sie da sind, wird es laut. An ihrem Ritterladen klebt ein Schild: »Sind im Café.«

Monsieur M.

Die Regisseurin von gegenüber kommt, wenn sie in Ruhe arbeiten will, also nicht dienstags und donnerstags, weil donnerstags während des Wochenmarkts die Donnerstagstanten das Lokal in Beschlag nehmen. Der Ü-70-Club sitzt auf dem Chippendalesofa und redet und redet. Über das Dorf, den Apotheker, über die Ärzte, das Wetter und – immer noch – über die Männer. Herr Hügel, auch nicht viel jünger, kommt manchmal dazu, sagt aber nix. Er hat mit Frauen über vierzig nix am Hut. Seine letzte Eroberung war älter. Das reicht fürs Erste.

In der Mittagspause wird es voll: Herr Maier und die Elektrofrau sind da, die Damen von der Sparkasse, die Sprechstundenhilfen vom Arzt über der Deutschen Bank, die Blumenfrau, die Lehrerin aus Wuppertal, das dauerverliebte Paar aus Langenberg, der angehende Koch vom Hotel, der sein Berichtsheft frisiert oder Schach spielt mit Herrn Aksum. Jeder redet mit jedem. Nur die Herren der Werbegemeinschaft kommen nicht. Sie wollen nicht oder können nicht oder dürfen nicht. Es gibt Gerüchte, dass einige Gerüchte streuen. Für Nicht-Nevigeser ist das Leben im Kaff nicht einfach. Freitags ist Ruhetag. Das Dorf ist tot.

14

Wer richtig viel Geld verdienen will, macht nicht irgendwas mit Medien oder Einzelhandel oder Handwerk, sondern irgendwas mit alten Menschen, mit Behinderten, Verrückten, Bettlägerigen, Rollstuhl- oder Rollatorfahrern, etwas mit »aufsuchender Betreuung«, breiten Türen, teuren Pflegeplätzen, unbezahlbaren oder kaum finanzierbaren Wohnungen, idiotischer Kleidung, Pillen und Kuren, Hörgeräten und Sehhilfen, Stützstrümpfen, Seniorensport, Treppenliften, Busreisen, Fernreisen mit aufgezogenen Spritzen für den Notfall, langfristigen Handyverträgen für Senioren, iPhone- und iPad-Kursen, Hunden und Häkeln, Bio, Heizdecken, Essen auf Rädern, Pflegen und Hegen, bis die Geschröpften nicht mehr können oder wollen oder nix mehr haben.

Der Markt ist riesig, die Zielgruppe hilflos, und die Familien, die sich um die Alten kümmern könnten, können oder wollen nicht mehr. Keine Zeit, keine Lust – überfordert. Da liegt das Geld auf der Straße. Ein durchschnittlicher Pflegeplatz kostet in NRW rund 40 000 Euro im Jahr. Man kann steinreich werden, wenn man das Geben-und-Nehmen-System richtig umsetzt. Wenig geben, viel nehmen und abzocken, solange es geht.

2014 wurde ein Bauprojekt wegen mangelnder Nach-
frage gestoppt. Geplant war ein Haus mit Seniorenwoh-
nungen. Die Pläne waren fertig, das Bauschild stand schon
länger, die Bauvoranfrage war eingereicht. Das schwierig
bebaubare Grundstück liegt an einer Hauptverkehrsstraße.
Unverbaubarer Blick – auf die Tankstelle. Direkt daneben
Lidl. Und vor dem Haus der Gesamtverkehr nach Wuppertal an der Wupper. Der Haken war der Preis. Hundert Quadratmeter Seniorenwohnung sollten 400 000 Euro kosten. In
Neviges. Der Quadratmeter Mietwohnung liegt bei fünf
Euro sechzig.

Plötzlich und unerwartet war Anfang 2013 das Aus für
das Geriatriekrankenhaus gekommen. Der Bürgermeister war fassungslos, tat ahnungslos – und war gut in Form.
Bei der Einweihung einer Tunnelbeleuchtung aus Landes-
mitteln standen dem Mann fast die Tränen in den Augen.
Er hatte gerade erfahren, was los war, und was dann kam,
kann nur Fritz Wepper, der Fernsehbürgermeister, besser.
»Wir sind völlig überrascht worden, können aber nichts machen. Das ist Sache des Trägers.« Großes Kino. Was die Zu-
hörer und die Fotografen der *WAZ* und der *WZ* nicht wussten: Es existierte ein zwei Jahre alter Bebauungsplan – im
Rathaus. Wohnungsbau! Seitdem müssen die Alten wegen
jedem Wehwehchen nach Wuppertal. Für die Bestatter, die
es sich mit ihren Sargläden rund um das Krankenhaus gemütlich gemacht hatten, plötzlich schlechte Aussichten:
Kundschaft weg!

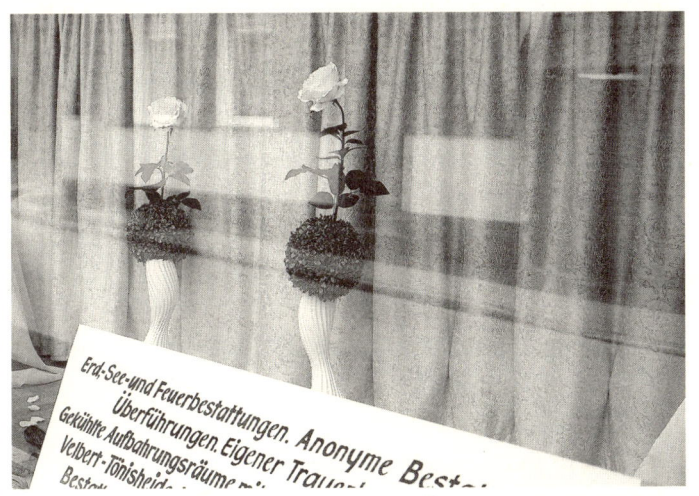

Erd-See-und Feuerbestattungen. Anonyme Best..
Überführungen. Eigener Trau...
Gekühlte Aufbahrungsräume ...
Velbert-Tönisheid...
Bestat...

Schlechte Aussichten für Bestatter

Für die Alten wird fleißig geplant und gebuddelt. Das alte Rathaus wird umgebaut, die alte Post nebenan auch. Etwas tiefer, neben dem Kaufpark, wird abgerissen, was im Weg steht, und etwas weiter im Bahnhofsviertel ebenfalls. Heißt dann Seniorenresidenz oder Mehrgenerationenwohnen oder barrierefreies Wohnen – bis der Sensenmann vor der Tür steht oder die Mitarbeiterin eines Investors, der sich auf Senioren spezialisiert hat – und die Reklametexter machen lässt, was kein Mensch, der noch alle Tassen im Schrank hat, schräger sagen kann: »Wohnfühlen«. Im Altersheim.

Bei der Arbeiterwohlfahrt wird geturnt. Vor dem Stuhl, hinter dem Stuhl und auf dem Stuhl. Jeden Mittwoch um elf treffen sich rüstige Seniorinnen und Senioren mit Vorturne-rin Doris zur Stuhlgymnastik. Achtzig Prozent Frauen, zwei

Männer. Der älteste ist dreiundneunzig, und die Musik vom Band ist sehr, sehr einfach, weil die Übungen im Takt der Musik auch sehr einfach sind. Bei Rock- oder Stampfmusik würden die Teilnehmer vermutlich reihum vom Stuhl fallen. Linkes Bein hoch, zwei Sekunden halten, rechtes Bein hoch, zwei Sekunden halten, einmal um den Stuhl rum, hinsetzen, und das Ganze noch einmal. Und zum Abschluss, kurz vor zwölf, tief durchatmen, an etwas Schönes denken – und danach das gemeinsame Mittagessen. Die Stimmung ist toll und das Essen sehr lecker: Frikadelle, Kohlrabi, Salzkartoffeln, Erdbeerjoghurt oder Matjes mit Pellkartoffeln. Für fünf Euro können Alleinstehende das nicht auf den Tisch bringen. Bleibt etwas übrig, wird eingepackt, schmeckt es nicht, wird der Speiseplan geändert. Die Gäste sind anspruchsvoll.

Die Einrichtung ist nagelneu und etwas brav. An den Wänden Kunst vom örtlichen Kunstverein und darunter das knallrote Sofa, eine Spende vom Kreisverband – auf dem niemand sitzen will. Zu gemütlich, zu schön, zu modern.

Zur Eröffnung brachte der neue Bürgermeister (CDU) eine Rede und einen Scheck mit: vierzig Euro. Alle guckten sich an: »Die Stadt hat wohl nix mehr« – danach gab's Würstchen vom Grill, Kartoffelsalat mit klein geschnittenen Eiern, Schnittchen und Bier. Der Landtagsabgeordnete (SPD) sagte auch was, und man merkte, dass die Parteien im Kaff ein Herz und eine Seele – oder mehr – sind. Opposition? Fehlanzeige. Wenn der Stadtrat zusammenkommt und abstimmt, erzählt man sich, erscheint die Pressemitteilung der Stadt eine Minute später auf den Bildschirmen der lokalen Zeitungen.

Dienstags wird Skat gespielt, mittwochs ist Sprechstunde vom Mieterbund, donnerstags um neun »Morgenplausch mit Marktfrühstück« und um neunzehn Uhr dreißig »Pause vom Alltag«. Neu ist das »ZWAR-Frühstück« (Zwischen Alter und Ruhestand) und der iPhone- und iPad-Kurs. Ein Kurs mit Geräten anderer Hersteller soll kommen, wenn jemand da ist, der sich auskennt. »Wissen Sie«, sagt die Leiterin, »wir suchen dringend jemand für Samsung. Unsere Leute kriegen ein Samsung von ihren Kindern, aber keiner kann eins erklären. Und das iPhone kann sich kaum jemand leisten«. Bis es so weit ist, bimmelt in jeder zweiten Hand- oder Hosentasche der Nokia-Klingelton von Francisco Tárregas.

Die Einrichtung ist permanent klamm. Es fehlt Geld für Migranten, für Kinder, für Junge und für generationsübergreifende Angebote. Der Kunstkurs für Kinder ist ein Anfang. Ohne Freiwillige, die nicht bezahlt werden können, läuft nix.

Wer sich als alter Mensch von der AWO zur Sparkasse müht, das sind rund siebenhundert Schritte, findet keine Bank mit Rückenlehne zum Ausruhen in der Fußgängerzone, ist also auf die Einzelhändler und Gastronomen angewiesen. »Trag-Bar«, der Gebrauchtklamottenladen, hat zwei Stühle, Mesut, der Gurkenkönig, hat keinen, besorgt aber einen im Café, und das Café am Brunnen hat immer einige vor der Tür, selbst im Winter. Die Klamottenfrau nebenan hat zwei, die Elektrofrau einen, Herr Maier hat fünf oder sechs und das Sofa, der Schuster zwei, die Apothekerin einen, die Eisdiele hundertzwanzig, und die Masseurin mit den schönen Buchstaben »Keine Erotikmassage« auf der Tür, hat sogar eine Liege. In der Sparkasse endlich: zwei leidlich bequeme Bänke aus nacktem Metall vor dem Geldautomaten. Mehr nicht. Bequemes Sitzen, ein Getränk und etwas Ruhe sind den Kreditnehmern und Geschäftskunden vorbehalten. Rentner mit Sparbuch, kein schlechtes Geschäft für die Sparkasse, müssen vor einem Schalter stehen. In jedem Reisebüro wird man besser behandelt.

Noch ungemütlicher ist es in der Deutschen Bank: Der Laden mit dem Charme einer Waschküchenpeepshow hat nix außer hell und grell beleuchteten Geldautomaten.

Wer ins Café Paaß geht, zieht die Sonntagssachen an, achtet auf frisch geputzte Schuhe, schönen Schmuck, die Uhr – schließlich will man sich nicht blamieren. Beige Garderobe passt gut, dunkelgrau oder blau ist besser, weil fast alle beige tragen, wenn sie im ältesten Café der Ortschaft ein Stück Torte und Kaffee bestellen.

Man sitzt gut, sieht keine aufgeklappten Mac-Books, keine Jogginghosen und herumtobenden Kinder, hört kein Handy, kein lautes Geplapper vom Nebentisch, und die Torten sind seit 1908 die besten im Kaff. Paaß ist ein Café und eine Konditorei vom alten Schlag mit älteren Gästen, Topfpflanzen auf breiten Natursteinfensterbänken, Perser auf blitzblanken Böden, rosa und weißen, frisch gemangelten Tischdecken, tafelspitzgefalteten Servietten, Schnittblümchen auf den Tischen und gepolsterten Stühlen. Und keine Musik. Mucksmäuschenstill.

An den Wänden alte Stiche, an der Decke elegante Kronleuchter aus den Fünfzigerjahren mit glasklaren Glühbirnen. Und durch die riesigen Fenster ein grandioser Blick auf den undichten Dom, aufs Kloster, das dichtgemachte Krankenhaus und auf die Villa des Staubsaugerfabrikanten, die wie Schloss Neuschwanstein über allem schwebt.

Geklaute Bilder werden durch einen Zettel ersetzt: »Leider ohne zu fragen mitgenommen.« »Damit«, sagt die sorgfältig schwarz-weiß gekleidete Bedienung, »ist der Fall für uns erledigt.«

Auf die Frage, ob geraucht werden darf, kommt hier kein Mensch. Internetzugang wie im Café am Brunnen? Gibt's nicht. Es gibt Torte.

Die Torten: ein Genuss. Wer sonntags in dezent bedrucktes Papier eingeschlagene Erdbeertorte mit Schlagsahne oder Herrentorte auf einem Papptablett durch den Ort nach Hause kellnert, war gerade in der Konditorei, die vor ein paar Jahren hundert Jahre alt geworden ist.

Direkt nebenan das Dom-Café. Der Besitzer hat vor Jahren aufgegeben.

Die *Apotheken-Umschau* kostet nix. Und wird den Besuchern der Apotheke am Brunnen hinterhergeschmissen, obwohl sie den Apotheker einen halben Euro kostet. Vorausgesetzt, sie kommen rein, was ab einem bestimmten Alter gar nicht so einfach ist. Ein paar Stufen, nämlich fünf, müssen schon überwunden werden. Für viele Rentner zählt das werbefinanzierte Blatt zur Pflichtlektüre und rangiert gleich hinter dem wöchentlichen Rätselheft, den Todesanzeigen im Stadtanzeiger, dem Lesezirkel und den IGeL-News beim Hausarzt.

Für seriöse Nachrichten aus dem Kaff sind die *WAZ* und die *WZ* zuständig, denen die Leser langsam, aber sicher (auch aus Langeweile) wegsterben.

Zum Glück gibt's das Internet. Und die Senioren nutzen es

häufiger, als man vermutet. Das millionenfach angeklickte Video: »Hallo, Papa, wie kommst du eigentlich mit dem neuen iPad klar, das wir dir zum Geburtstag geschenkt haben?«, hat mit der Realität wenig zu tun. In Neviges verwechselt kein Opa ein Küchenbrett mit dem iPad – vermutlich.

Im *Senioren Ratgeber* kommt Dr. Storm zu Wort. »Wer Informationen digital speichert, macht den Kopf frei für Neues. Auf diese Weise lässt sich die Leistung des Gedächtnisses steigern.« Klingt einleuchtend.

Stefan ist dreiundachtzig und sucht eine Frau. Eigener PKW, schöne Wohnung, vielfältige Interessen, Ex-Schachspieler, etwas krank, etwas ängstlich. Die Pumpe. Die Frau soll jünger sein, keinen Putzfimmel haben und keine »Altlasten«. Und nicht viel reden. Sie kann bei ihm wohnen, wenn sie nicht alles auf den Kopf stellt.

Blitzsaubere Küche, Wohnzimmer mit Zimmerpflanzen und kupferfarbenem Reliefbild über dem Sofa, geschwungene Gardinen von Raumausstatter Reinecke. Und im Schlafzimmer zwei gemachte Betten. Kein Computer, kein aktuelles Handy, kein Festnetz, kein Internet.

Wie soll er so eine Frau finden? In der Fußgängerzone? Und wofür? Putzen soll sie nicht, reden soll sie nicht, nicht einmal Schach spielen soll sie – wegen der Aufregung. Vielleicht will er einfach jemanden um sich haben. Gemeinsam fernsehen, das Schachrätsel im *Zeit-Magazin* lösen, im *Senioren Ratgeber* blättern, etwas vorlesen. Will er Sex? Nein. Ein Problem weniger. Oder mehr.

Früher war Stefan im Außendienst. Hardware, Software – auf Disketten. Wenn er jetzt einen Computer sieht, fragt er nach Festplattengröße und Arbeitsspeicher und ob das Ding unter DOS läuft.

Zwei- oder dreimal im Jahr ist er weg. Im Winter auf Gran Canaria, im Sommer an der Nordsee. Langzeit. Die Nordsee, sagt er, bekommt ihm besser. Er raucht nicht, er trinkt nicht, und wenn er einen Tee im Café bestellt, spricht er türkisch: Çay. Seine Lieblingslektüre ist die *taz* vom Vortag. Sein Lieblingspolitiker immer noch Willy Brandt, schon wegen der Weibergeschichten, und seine Lieblingsmahlzeit eine Scheibe Körnerbrot mit einem riesigen Klotz guter Butter. Ein Zentimeter Brot, ein Zentimeter Butter. Andere würden kotzen, Stefan mag das. Die Vollmilch holt er im Bioladen, und wenn er sich etwas gönnen will, geht er zum Apotheker. Wenn Stefan einige Tage nicht da ist, meldet er sich ab. Die Gäste im Café rufen ihn sonst an. Er mag das nicht – freut sich aber.

Das Nevigeser Frühstück. Scheibe Brot, Klotz gute Butter

Rosita ist jünger als Stefan. Irgendwann geschieden, keine Kinder, ein Hund, vier Jahre alt. Der Hund, ein Yorkshire, ist ihr Ein und Alles. Im Sommer ist er nackig, sonst wird er angezogen. Zu Ostern mit einem Kleidchen, im Oktober mit einer Lederhose. Siebzehn Outfits.

Ihren eigenen Kleiderschrank macht sie selten auf. Sie wäscht ihre Sachen abends und zieht sie am nächsten Morgen wieder an. Danach geht's zum Friedhof, Mamma, Papa, Omma und Opa besuchen, und später, pünktlich zum Mittagsmagazin, wird gefrühstückt. Der Hund sitzt am Tisch. Wer ihn nicht haben will, muss auf Rosita verzichten. Auch der Dom. Vor ein paar Jahren wurde sie von Pater Herbert »des Tempels verwiesen«. Danach kam die Entschuldigung.

Die guten Zeiten sind für Rosita vorbei. »Früher«, sagt sie, »gab es in Neviges zwei Kinos mit Vorstellungen um siebzehn Uhr, um zwanzig Uhr und um zweiundzwanzig Uhr dreißig.« Rosita ist in die Spätvorstellung gegangen. Western und Krimis gucken. Wenn der Film riss, suchte sie den Filmvorführer in der Kneipe nebenan. »Der war immer stramm.« Danach kamen die anderen Besucher, tranken ein Bier, und wenn der Film wieder lief, stand der Filmvorführer in der Kneipentür und rief: »Läuft wieder«.

»Ich hatte ein Abo für unser Theater in der Stadthalle und zog mich immer festlich an«, sagt sie. »Margot Eskens war hier – mein Gott, war die schön –, die Conny, der Vico Torianni …, jetzt soll die Stadthalle abgerissen werden.« Fernsehen abends? Manchmal Arte oder 3sat. Lieber geht sie mit ihrem Hund zum Uwe auf den Minigolfplatz und trinkt ein Weizenbier. Internet hat sie nicht, Handy auch nicht, und den Stecker für ihr Festnetztelefon zieht sie raus, wenn sie zu Hause ist. Nur sonntags, wenn ihr geschiedener Mann aus München anruft, kommt er für kurze Zeit rein. Wenn der Ex zu spät dran ist, hat er Pech gehabt. Der Anrufbeantworter läuft.

Rosita hatte ein gutes Leben. Eigenes Haus in guter Gegend, guter Job in der Weberei. Bloß ihren Traum, der Besuch der Kosmetikschule in Düsseldorf, den konnte sie sich nie erfüllen. Sie durfte nicht in die Großstadt.

Das Kaff ist ihr seit einiger Zeit zu eng. »Dreißig Jahre jünger und ich wäre weg.« Wohin? »In den Süden. Irgendwo in die Berge, wo ich alleine bin. Ich kann die Leute, das Gerede über Krankheiten, wer mit wem, über Trennungen, über den ganzen Scheiß, der mich null interessiert, nicht mehr ertragen. Nero war übrigens kein schlechter Mensch.« Wer sagt das denn? »ZDF Info.«

Beste Zeit ihres Lebens? Die Zeit mit den Eltern. Lieblingsessen? Himmel und Erde mit Blutwurst von Metzger Schmidt. Was kommt noch? Alles geregelt: Die Gruft ist bezahlt, das Geld für die Beerdigung liegt auf dem Konto.

Kultur und Unterhaltung für Senioren? Gibt es. Aber die muss man finden. Die Stadtteilbücherei hat alle wichtigen Zeitungen tagesfrisch an Bord und Tausende Bücher und andere Medien – und montags, donnerstags und samstags geöffnet. Ob das so bleibt, ist ungewiss. Der Bürgermeister, schreibt die *WAZ*, »drückt auf die Tube« beim Sparen. Keine guten Aussichten.

15

In München, Hamburg, Stuttgart, in Berlin und anderen Großstädten finden junge Familien mit Kindern und durchschnittlichem Einkommen keine bezahlbare Wohnung. Eintausendzweihundert Euro für drei Zimmer, Küche, Diele, Bad in guter Lage sind keine Seltenheit. Und wer die *Süddeutsche* oder das *Hamburger Abendblatt* samstags in der Hand hält, sieht, dass es nach oben keine Grenzen gibt. Zur Besichtigung einer einfachen Behausung werden oft dreißig, vierzig oder mehr Menschen eingeladen. Gleichzeitig. Da fragt man sich schon: »Ist das hier ein Casting von Wim Wenders, oder bin ich im falschen Film?«

Es werden Fragen gestellt nach Einkünften, Krankheiten, Schwangerschaften, Haustieren, nach Kirchen- und Parteimitgliedschaften, Freunden und Gewohnheiten und – beantwortet. Die Vermieter dürfen das, sie sitzen am längeren Hebel. Ohne Empfehlungsschreiben eines früheren Vermieters, eines potenten Arbeitgebers, ohne Vitamin B, Gehaltsabrechnung, blitzsaubere Schufa oder Übernahme einer in die Jahre oder Jahrzehnte gekommenen Einbauküche zum Wucherpreis, gibt es oft keine Wohnung. Beliebt auch: kostenlose, kleine Hausmeisterdienste, Aufpassen auf Oma,

Opa, Katze, Hund und was sich Vermieter sonst noch einfallen lassen. Parkett und Stuck und gute Lage: unbezahlbar. Für ein Mindestlohngehalt keine Wohnungen in der Großstadt. Und wenn doch, gibt's nix mehr zu essen.

Ganz anders in Neviges: kleiner Bummel durchs Kaff, Augen auf, fertig. Wo keine Gardinen hängen, ist eine Wohnung frei. Und wer sich nicht allzu dämlich anstellt, kriegt die auch. Nicht eine am Kirchplatz oder eine im Besserverdienerviertel über dem Dom – da muss man lange warten, aber sonst klappt das gut. Waschmaschine oder Fernseher kaputt oder zu alt? Kauft, kein Witz, die Wohnungsbaugesellschaft als Begrüßungsgeschenk.

Für Mieter ist das Kaff ein Paradies. Viele Menschen ziehen weg, und die, die bleiben oder neu dazukommen, haben die Auswahl. Parkett und Stuck und hohe Decken gibt's nicht oder sehr selten, sondern Laminat, Raufaser und Kunststofffenster. Und doofe Grundrisse: großer Flur, kleine Zimmer, klitzekleine Küchen, mittelprächtige Wohnzimmer mit Stellflächen für die Schrankwand, aber kaum Platz für einen großen Esstisch. Raumfolgen mit breiten Türen, offenen Küchen und riesigen Wintergärten zur Miete kriegt man in Hamburg. In Neviges ist alles ein wenig kleiner – und preiswerter.

Wohnungen im Zentrum sind billiger als Wohnungen draußen, weil die Wohnungen draußen von Investoren gebaut wurden, die ihr angelegtes Geld zurückhaben wollen. Auch über die Nebenkosten. Der Mieterverein hat, wie man hört, ganz gut zu tun.

Reklame am Brunnen

Man wohnt außerdem besser: kein Garten zwar, vielleicht ein Balkon, dafür ein Café vor der Tür, ein paar Läden in der Nähe, den Supermarkt, die Eisdiele, den Dom, den Dorfbrunnen, ein paar Leute, mit denen man reden kann.

Wer bleiben will und etwas Geld hat, kauft ein Haus. Geht für viel Geld, geht jedoch ebenfalls preiswert. Einfache Faustregel: Schön und alt mit Sanierungsbedarf ist billig. Neu ist teuer, weit ab vom Schuss – und selten schön. Man muss sich umhören und sofort zugreifen. Wer zaudert, hin und her überlegt, hat schnell das Nachsehen. Was kann man bei einem hundertzwanzig Quadratmeter großen Haus mit Laden in der Fußgängerzone für 125 000 Euro schon falsch machen? Direkt daneben ein Stadthaus: 75 000 Euro. Mit Laden, mit Garage und viel Arbeit …

Die runde Villa hinter der Bogenstraße stand mal irgendwo in den Bergen. Vermutlich in der Schweiz oder in Amerika, vielleicht im Allgäu oder sonstwo. Jetzt steht sie in Neviges. Nachgebaut. Der Besitzer, angeblich stinkreich, hat sie irgendwann gesehen und wollte sie haben. Schneeweiß, rund wie ein Camembert, davor eine riesige Mauer, die aussieht wie eine schmale Tafel Toblerone-Schokolade mit Grünzeug. Und dahinter die Fabrik des Besitzers. Richtig schön ist das alles nicht, fällt aber auf. Könnte auf der CeBit stehen oder auf der Funkausstellung und nach ein paar Tagen abgerissen werden, ist allerdings für immer und ewig. Und für die Katz. Der Fabrikant ist nie eingezogen. Seine Frau wollte nicht. Das Eckige, die Möbel, passte nicht ins Runde. Vielleicht wollte sie einfach nicht ihr Leben lang im Kreis rumlaufen.

Am Kreisverkehr neben Lidl ist alles etwas eckiger und bescheidener: Die handtuchbreiten Reihenhäuser stehen direkt an der Hauptverkehrsstraße. Dazwischen die schmalen Vorgärten. Was fehlt sind Leitplanken. Macht man erst, wenn der erste Sattelschlepper oder Autobus im Schlafzimmer steht. Näher dran am Nervenkitzel – und eintöniger – wohnt niemand im Kaff, auch wenn die meisten Leute das anders sehen. »Ist doch schön«, sagen alle, »so ein eigenes Häuschen.« Stimmt. Oder? Jedes Siedlungshaus aus den Fünfzigerjahren ist schöner. Grundstücke, groß genug für eigene Erdbeeren, für Apfelbäume, Brechbohnen, Salat, einen Sandkasten und eine Wäscheleine, gibt's heute kaum noch für Reihenhausbewohner.

Gegenüber die Villa Petershall. Das 1877 von einem Textilfabrikanten gebaute Haus hat es zu einem eigenen Wikipedia-Eintrag gebracht.

Kein Platz für die Schrankwand und rund wie ein Camembert

Der Traum vom Eigenheim (17-fach)

16

Blöde Zeiten für den Einzelhandel. Wer Geld machen will, geht online – oder in die Großstadt. Oder vor die Dörfer. Im Kaff ist nix mehr zu verdienen, weil die Dorfbewohner auch online gehen. Oder ihr Dorf für Einkäufe und Besorgungen verlassen. Die kleinen, feinen Läden geben auf: hohe Mieten, Mindestlohn, Kosten für Strom, Werbung, Buchhaltung, Lagerhaltung, Beiträge für Krankenversicherung, Altersversorgung und die Beiträge für Dinge, an die man nie gedacht hat. Kaum ist ein Laden eröffnet, stehen die Werbegemeinschaft, das Ordnungsamt, die GEZ, die Berufsgenossenschaft, und wer sonst noch absahnen will, auf der Matte. Dazu die enorme Unsicherheit, das Finanzamt, der jahrelange Verzicht auf Urlaub, verlängerte Wochenenden, pünktlicher Feierabend. »Ich würde niemandem, der einen guten Job hat, empfehlen, einen Laden aufzumachen«, sagt der Inhaber einer Ladenkette. Kleiner, eigener Teeladen? Feine Schokolade? Fair fabrizierte Klamotten? Schallplatten? Feinkost? Im Kaff???

Das Einkaufszentrum macht den Einzelhändlern in der Fußgängerzone schwer zu schaffen. Riesiger Parkplatz, ein

Edeka, ein Aldi, eine Automatensparkassenfiliale, eine Muckibude, ein Seifenladen und ein Laden mit Post, Schuhrepa-
ratur, Schlüssel- und Schilderdienst, Paketstation und Lotto.
Vor den Läden: Buden mit Lockvogelangeboten. Bratwurst:
ein Euro. Im Edeka ein Blumenladen, ein Café und eine
Bäckerei, die samstags sieben oder acht Frauen beschäftigt.
Die Kunden müssen anstehen.

Der Edeka ist super. Nicht super geil wie im bekannten
Video, aber besser als alle anderen Läden im Kaff: riesige
Käsetheke, riesige Frischfleischtheke, Fisch. Alle Kassen
besetzt, gute Innenarchitektur, Warenpräsentation wie aus
dem Lehrbuch. Das Personal ist jung, motiviert, freundlich,
und die Preise, etwas höher als im Dorfsupermarkt, sind
klug kalkuliert. Lebensmittel, die man vergleicht, zum Beispiel Butter oder Cola, sind nicht teurer. Alles andere ist
nicht billig. Direkt nebenan: Aldi. Sehr übersichtlich, sehr
sauber, sehr gut gemacht wie überall. Der Filialleiter arbeitet gerne bei Aldi, weil Aldi, sagt er, besser zahlt als die anderen, auch die Überstunden. Das Personal hat zwei freie
Tage in der Woche, was in der Branche nicht üblich ist.

Im Eingangsbereich die Vitrine mit Sachen von Medion,
in der Mitte des Ladens die ständig wechselnden Aktions-
artikel und ringsum alles andere wie überall. Die Preisaus-
zeichnung ist vorbildlich, die Kassiererinnen sind schnell,
sehr schnell. Und man wundert sich immer noch, wie wenig
man für einen vollen Einkaufswagen bei Aldi bezahlt.

Der alte Aldi stand drei Autominuten entfernt. Direkt
daneben Uschis Getränkemarkt, der jetzt etwas verloren
auf dem riesigen Gelände zurückgeblieben ist. Uschis Glück
sind die gelben Säcke. Früher gab's die im Dorfsupermarkt

und in anderen Läden, jetzt gibt's die nur noch bei Uschi. Die Einwohner müssen deshalb hin – und kaufen ein. Warum kein anderer die Säcke hat, ist ein Geheimnis.

Die Automatensparkasse vor der Muckibude sieht aus wie ein Kunstwerk. Sechs mal sechs Meter im Quadrat, sechs Meter hoch, ein roter Kubus ohne architektonischen Firlefanz, ein klug gemachtes, klares Gebäude mit seidenmatter Oberfläche. Passt irgendwie nicht zum baulichen Durchschnitt ringsum. Oder andersrum: Der Durchschnitt passt nicht zum Sparkassenklotz.

Der Sparkassenklotz

Der Parkplatz ist riesig. Samstags um neun ist er rappel-voll. Viele Leute aus dem Kaff, viele Leute aus Wuppertal nebenan. Wer dann ins Dorf zurückkommt, sieht in der Fuß-gängerzone das nackte Elend. Niemand da. Ausgestorben. Tot. Fünf, sechs Leute vielleicht. Der Einzelhandel wartet auf Kunden, die längst weg sind.

War im leer stehenden Laden neben der Spielhölle frü-her ein Nagelstudio? Oder ein Frisör? War im leer stehenden Laden hinter der leer stehenden »Minikneipe« früher mal ein Geschenkartikelladen? Oder ein Obstladen? Oder ein Lam-pengeschäft? Da war doch was – aber was? War in der Kneipe ein Schuh- oder ein Hosengeschäft? Oder ein Trödelladen?

Viele Einwohner können sich nicht erinnern, weil der durchschnittliche Leerstand im Kaff nicht tage- oder wochenlang dauert, sondern Jahre.

100

1A-Lage – 200 Euro

Neviges meistverkauftes Papier ist Packpapier

Wohnladen

Laden

Die Obrigkeit ist nicht unschuldig an der Misere. Sie hat das Einkaufszentrum gewollt und reagiert jetzt mit Leerstandsanalysen und Gutachten, die es nicht umsonst gibt, und mit einer neuen Stelle im Amt für generelle Planung und Stadterneuerung. »Sind die Fakten geschaffen«, schreibt die Zeitung, »also alle Daten gesammelt, geht es ans ›Eingemachte‹, an die Ursachenforschung.« Und die Stadtentwicklerin (31) schwärmt in der Zeitung: »Man muss diese Perle nur putzen.«

Damit ist das Thema abgehakt für das Lokalblatt, das diesen Stuss abdruckt. Bleibt es dran? Nein. Denn dann müssten die Redakteure sich Gedanken machen, Fragen stellen und selber schreiben – und könnten anecken. Rechter Mausklick, speichern, einsetzen, fertig … ist einfacher. Die Leserbriefe unter den Onlineartikeln sind deshalb oft besser als die Artikel. Es geht das Gerücht, dass Redakteure ihren eigenen Senf anonym kommentieren. Wer kritisch schreibt, hat den Pressetypen der Stadt an der Strippe. Oder den Bürgermeister. Oder er wird, ebenfalls ein Gerücht, zum Anzeigenblatt versetzt.

Der Leerstand hat durchaus Vorteile. Wenig Auswahl erleichtert den Einkauf. Das gefällt inzwischen einigen Leuten, die Neviges deshalb besuchen. Sabine aus Wuppertal kommt, weil es kaum etwas gibt. Kaufpark, die Gemüsefrau, die Apotheke und die Boutiquen lassen sie kalt. Kriegt sie alles in Wuppertal. Nach Neviges kommt sie zum Ausruhen, Durchatmen, Rumsitzen, Kaffeetrinken am Brunnen, auf dem iPad lesen. Für sie ist das Kaff Urlaub: Der Dom, der Teich hinter dem Schloss, der Wald ringsum, die wenigen Menschen. Kauft sie nie in Neviges? »Doch«, sagt sie, »im

Buchladen. Gelegentlich. Und im Kaufhaus Gassmann – wie alle.«

Der erste Vermieter hat bereits zum Pinsel gegriffen und mit großen weißen Buchstaben sein Schaufenster bemalt: Zu vermieten. Vierhundert Euro. Tolles Angebot, der Laden hat mal achthundert Euro gekostet. Auf dem Schaufenster nebenan: zweihundert Euro. Helvetica halbfett, Folienschnitt.

Der Professor aus Düsseldorf sitzt mit seinem Schüler samstagnachmittags stundenlang im Café von Monsieur M. Sie reden über Gott und die Welt und wechseln später ins Plüschcafé am Kloster. Einkaufen in Neviges? »Wir kommen aus Düsseldorf.«

17

Schon seltsam. Kaum hängen die neuen engen oder weiten oder breiten, vor- oder nicht vorgewaschenen, dunklen oder hellen, gelöcherten oder heilen Jeans bei H&M in Hamburg oder Berlin im Schaufenster, sind sie bereits im letzten Kaff des Landes gelandet. Die Mode ist schnell geworden und mit der Schnelligkeit die Flüchtigkeit. Was heute aktuell ist, ist morgen Schnee von gestern – und irgendwann genauso schnell wieder da. Schmale Krawatten, breite Krawatten, feine Stoffe, grobe Säcke, elegante Schnitte, Sommerlatschen, rahmengenähtes Schuhwerk, Bügelfalten (Wer erinnert sich noch an Bügelfalten?), Baumwolle, Mikrofaser, Ballonseide, selbstauflösende Einwegfummel in Grau, Blau, Schwarz, Braun, Beige, Lila, Magenta oder Gelb. Alles ist möglich, aber schön ist das nicht immer. Ohne Stilberater, ohne Geschmack und ohne einen Stapel *Vogue*, *Brigitte*, den neuen Otto- und Manufactum-Katalog auf dem Kaffeetisch kommt ein Mensch mit Stil und Verstand nicht mehr klar in der modischen Welt.

Du bist, was du isst, also bleib bitte dünn, denn man sieht dich überall: im Büro, in der Bahn, beim Einkaufen, in der Kneipe, bei Facebook und Twitter, beim Elternabend, auf der Party, bei den Schwiegereltern. Wer da nicht passend angezogen ist, wirkt schnell komisch. Weiße Socken waren mal Mode? Igitt! Kassengestell? Schon besser! Schlaghosen? Je nachdem! Es gibt kaum etwas, was so schwierig ist wie Mode, weil jede Gruppe sich auf andere Art und Weise kostümiert. Muss ein Banker so rumlaufen wie alle Banker? Sind Bart, Brille und Kapuze ein Muss für »Kreative«? Und warum tragen alle plötzlich Jacken, die sonst nur Abenteurer in Bolivien tragen? Ist der Tangabindfaden in der Poritze nicht schrecklich unangenehm? Zwickt und zwackt das nicht? Sind kurzärmelige Hemden mit Krawatte nicht einfach nur bescheuert? Sind Hüte doof und Rucksäcke cool? Oder ist das alles bloß ein Missverständnis? Warum haben Fotografen auf Bildern immer und überall eine Kamera vor dem Gesicht? Gehört das zum Outfit, oder was soll das? Warum sehen fünf Jahre alte Modezeitschriften lächerlich aus und dreißig Jahre alte gar nicht mal so übel? Ist Mode noch Bekleidung? Oder ist alles Verkleidung?

Seit in den Wartezimmern der Ärzte keine *Brigitte* mehr rumliegt, verlieren viele Einwohnerinnen ihre modische Orientierung und kaufen, was der Einzelhandel in den Boutiquen und auf dem Wochenmarkt loswerden will. Schön ist das selten, dafür oft billig und manchmal schön gruselig. Weil Lappen mit angenähten Ärmeln und aufgenähten Knöpfen Lappen bleiben. Es gibt auch hübsche Klamotten im Kaff, aber die gibt's überall.

Ohne *Brigitte* verlieren viele Nevigeserinnen ihre Orientierung

Trotzdem sind die Einzelhändler von ihren Sachen überzeugt und beleidigt, wenn Kundinnen woanders kaufen – was sie natürlich sofort sehen, weil sie sich gegenseitig und alles, was rumläuft, beobachten.

Hosen mit Löchern (ein wichtiges Thema) kriegt man bei der Klamottenfrau an der Telefonzelle, bei Nevigös an der Ecke, in der Boutique neben dem Brillenladen und bei den Indern auf dem Wochenmarkt, die sich auf Hosen mit Löchern, ausgefranste Oberteile und auf Gardinenlook in allen möglichen Pastelltönen spezialisiert haben. Wer das kauft und trägt, hat die Auftritte junger Damen in der *Gala* und in der *Bunten* nicht verstanden, hat keinen Geschmack, keinen Stil – und hat sie nicht mehr alle.

Männer, die wissen wollen, was die Gardinenträgerinnen drunter tragen, kommen aus dem Staunen nicht mehr raus, weil das, was auf dem Wochenmarkt angeboten wird, mit den Winzigkeiten, die sie aus dem Internet und aus dem Otto-Katalog (ab Seite 143) kennen, nix zu tun hat. Statt Tangas tonnenförmige weiße Schlabberbuchsen, statt roter Spitzenkorsagen hässliche, fleischfarbene Ungetüme, die den leicht übergewichtigen Trägerinnen die Luft abschnüren und den Ehemännern, wenn vorhanden, jede Lust rauben.

Jogginghosen trägt man (vor allem: Mann) bei allen Gelegenheiten: im Kaufhaus, beim Sparkassentermin, im Café, beim Fußball (gucken), beim Gassi gehen, beim Minigolfspielen, beim Grillen und beim Schaufensterbummel. Sie werden oft zwei Nummern zu groß gekauft, laufen aber nicht ein, weil Kunststoff, man kennt das von den Plastikstühlen vor den Kneipen, nicht einläuft. Es gibt Männer, die man noch nie ohne Jogginghose im Dorf gesehen hat.

Richtig gut gekleidet ist der Apotheker, der am Tag unzählige Male von seiner Apotheke zum Pillenholen oder -bringen zur Apotheke seiner Frau durch die Fußgängerzone läuft – rahmengenähte Schuhe, adrette Hose, Pullover-Hemd-Kombi wie Anthony Perkins in Alfred Hitchcocks *Psycho*, ein nach wie vor lässig eleganter Stil, der von Peter Kraus (»Wenn ich am Wochenende tanzen geh …«) durch die Pullover-über-die-Schulter-Variante verfeinert wurde. Und natürlich der Bürgermeister, der sich vor der Wahl selten und nach der Wahl eigentlich nie im Kaff blicken lässt. Aber wenn – dann mit Anzug, Weste, Hemd und Krawatte.

Und die acht Franziskaner mit ihren schönen, einfachen braunen Kutten, die alles oder fast alles verdecken bis auf

die bemerkenswerten Sandalen und die kurzen Söckchen.
»Privat«, sagte Pater Dietmar jüngst dem WDR bei Dreh-
arbeiten im Kloster, »tragen wir das, was alle tragen.«
Bloß was? Was tragen die Nevigeser außerhalb ihrer vier
Wände an einem sommerlichen Donnerstagnachmittag
von vierzehn Uhr dreißig bis fünfzehn Uhr am Brunnen in
der Fuzo?

Modenschau in der Fuzo

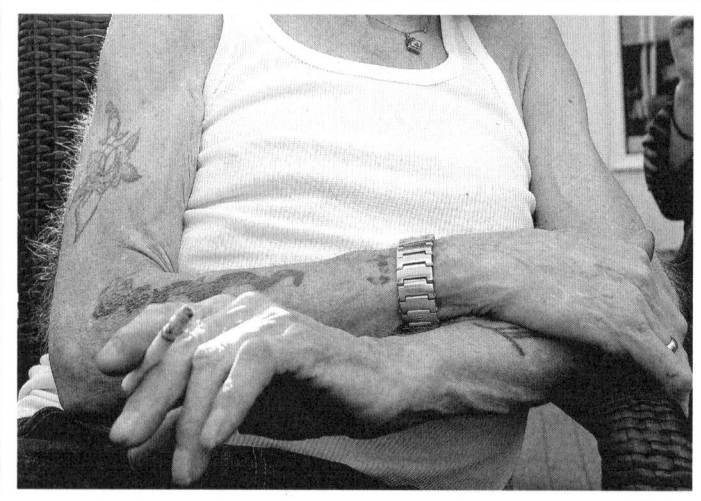

Herrenausstatter? Wofür?

Kleine Strichliste: Anzug, Krawatte: zwei Personen; Kopf-
tuch/Mönchskutte: elf Personen; Trainingsanzug: dreizehn
Personen; Freizeitkleidung, leger, salopp, komisch: dreiund-
fünfzig Personen; Freizeitkleidung, gepflegt: vierunddreißig
Personen – und der Vollständigkeit halber, weil mitgezählt:
einundzwanzig Kinder, siebenundzwanzig Hunde, elf Autos,
acht Fahrräder. In der Fußgängerzone.

In Wülfrath, zehn Autominuten von Neviges entfernt,
ging es jahrelang bei den Frühschwimmern noch ungezwun-
gener zu. Mit Badehose und Bademantel und Kulturbeutel
auf dem Beifahrersitz um sechs Uhr zur städtischen Bade-
anstalt, warm duschen, rasieren, Haare waschen, ein paar
Runden im eiskalten Wasser drehen und dann, im Bademantel und mit nasser Badehose, zum Bäcker in die Fußgängerzone nebenan – Brötchen holen.

18

Bei schlechtem Wetter gehen die Kölner in den Dom, die Düsseldorfer ins Sonnenstudio, die Berliner ins KaDeWe, die Ratinger in die Kneipe, die Münchner in die Pinakothek, die Wuppertaler ins Tanztheater, die Essener in die Lichtburg, die Bremer in den Weinkeller und die Dortmunder (da spielt das Wetter eh keine Rolle) ins Stadion. Schlechtes Wetter, im Kaff eine Katastrophe, ist für Menschen in den Städten eine willkommene Abwechslung. Endlich mal das tun, wozu man bei Sonnenschein keine Lust hat.

Wohin, wenn es regnet, ist eine der großen Fragen der ländlich lebenden Bevölkerung. Zu Hause bleiben, bis einem die Decke auf den Kopf fällt? Shoppen? Kino? Museum? Wo denn – soll das ein Scherz sein?

Mit dem Hund raus? Ist – obwohl mittlerweile angeblich ein Grund, sich ein Tier anzuschaffen – kein vernünftiger Vorschlag, weil Hundehaltung mit Pflicht und nichts mit Vergnügen zu tun hat. Pudelnass durch den Ort laufen, alle paar Minuten stehen bleiben, warten, bis der Hund endlich kackt, und später, beide nass bis auf die Haut, den Köter abrubbeln, bevor er aufs Bett oder aufs Sofa darf, ist bestenfalls ein Vergnügen für Masochisten und *Landlust*-Leser, aber nix für Menschen ohne psychische Handicaps. »Es gibt kein schlechtes Wetter, es gibt nur schlechte Kleidung«, ist nämlich genau wie »Es gibt kein Bier auf Hawaii« Kokolores. Wer nicht in Horumersiel, Carolinensiel, Neuharlingersiel oder Dornumersiel an der Nordsee oder in Wuppertal an der Wupper groß geworden ist – in Wuppertal regnet es immer –, leidet bei Mistwetter wie ein Hund.

Der Wetterbericht für Neviges steht bei Rossmann in der Gondel am Eingang: Taschen- und Stockschirme ab zwei Euro neunzig bei aufziehenden Wolken und hoher Regenwahrscheinlichkeit; Sonnenmilch, Eimerchen und Schüppchen ab zwanzig Grad und Ata, Frosch, Ajax, Aufnehmer und Putzeimer, wenn das Wetter irgendwo dazwischenliegt und man nix Besseres machen kann als Hausputz. »Fenster«, heißt es bei *Frag Mutti* im Internet, »putzt man weder bei Sonnenschein – gibt Streifen – noch bei Regen, weil bei Regen die halbe Putzerei für die Katz ist.«

Man könnte in den weltbekannten Dom gehen, der bald trockengelegt wird, macht man aber nicht, weil man als Durchschnittsnevigeser den Betonklotz nicht mag und mit Architektur und (katholischer) Kirche nix am Hut hat. Man könnte in die Kneipe, sich volllaufen lassen mit den Kumpels, macht man ebenfalls nicht, weil das betreute Trinken in der Öffentlichkeit gerade schief angesehen wird und angeblich nicht gesund ist. Man könnte ins Museum, wenn Schloss Hardenberg nicht seit vierzehn Jahren renoviert würde und es das Museum noch gäbe, oder ins Kino, wenn diese Freizeiteinrichtungen noch vorhanden wären. Man könnte in die Stadtteilbücherei, solange es die noch gibt, oder zur AWO zum Stuhlkreisturnen oder zur Muckibude bei Edeka (fahren), nur was soll man dort an einem verregneten Nachmittag, wenn die knackigen Jungs und Mädels erst abends kommen?

Schwierig alles. Also doch ins Bett? Oder vor die Flimmerkiste aufs Sofa? Oder lieber ein paar Griechen im Original lesen wie der Chefphilosoph der Nevigeser Donnerstagsphilos, die sich seit vierzehn Jahren am Kirchplatz treffen? Kann man machen, kann man aber genauso gut lassen und einfach abwarten, denn bei schönem Wetter blüht das Kaff auf.

Die Mädchen zeigen dann ihre hübschen Handys, die Griechen klimpern im Café mit ihren Kettchen und nippen am Mokka, die Raucher dampfen wie die Autofahrer durch die Fußgängerzone, die Einzelhändler dösen oder sitzen vor den Läden, und die Kinder planschen mit den Hunden im wahren Wahrzeichen des Kaffs: im Nevigeser Brunnen. Wer keine Hitze verträgt, geht in den eiskalten Dom zum Abkühlen oder schleppt sich zur runtergekühlten Aral-Tanke bei Lidl. Wer starke Nerven hat oder Lärmschutzkopfhörer gegen das Kindergekreische, geht ins Panoramabad.

Vier Wasserbecken: Schwimmer, Springer, Wellenbad (mit wenig Urin), ein Planschbecken für Kleinkinder (mit mehr Urin). Macht nix, sagt Carmen Thomas in ihrem Buch *Urin ist ein besonderer Saft*, also Nase zuhalten und rein mit den Rackern.

Ringsum die braun gebrannten, durchtrainierten Bademeister mit ihren Trillerpfeifen, die stolzen Eltern und dahinter die große Liegewiese mit mehr Papierkörben als in der Fuzo, dafür ohne Liegen. Man liegt auf Decken wie früher, als die Freibäder noch Badeanstalten hießen. Es wird getrunken, geredet, gegessen, gelesen, geschmust und gefummelt, geknipst und sich gezeigt, von morgens bis abends. Wer keinen Platz mehr erwischt, hockt auf der Betontribüne am Schwimmerbecken. Vorteil: Man sitzt direkt vor der Schwimmbadgastronomie mit Currywurst, Pommes rotweiß, Eis, Cola, Fanta, Bier, *Bild* – das volle Programm. Nachteil: noch lauter.

Alle dreißig Minuten springen Kind und Kegel ins Wellenbad, schlucken eine Menge Wasser und wundern sich, dass das Wasser nicht nach Salz schmeckt wie die Nordsee- oder Adriabrühe im letzten Urlaub. Nach fünf Minuten ist alles vorbei, und alle rennen auf die Decke, weitermachen oder nix machen. Fünfundzwanzig Minuten lang. Danach geht's wieder von vorne los.

Wenn abends abgepfiffen wird, beginnt das Chaos auf dem Parkplatz. Jeder will weg und alle gleichzeitig. Wer kein Auto hat, muss warten, bis der Bus kommt, und wenn er da ist, beginnen der Nahkampf um die Plätze und das Geschrei in fünfzig Handys. Dazu das rüpelhafte Fahren des Chauffeurs – mal eben aus Versehen einen voll besetzten Bus zum Wackeln bringen, volle Pulle bremsen, weil die Jugendlichen sich heutzutage nicht mehr festhalten können. Für die neuen riesigen Handys brauchen sie beide Hände.

Still ruht der Teich. Ein paar Gänse, ein paar Enten, ein paar Schildkröten, ein paar Leute, kaum Kinder (die sind alle im Freibad), ein paar Fische, ein paar Bänke, eine Tischtennisplatte aus Beton, der ideale Platz für den »Feuerschalengrill« von Manufactum und ein Buffet in der freien

114

Natur. Im Hintergrund die S 9 von und nach Wuppertal, die man kaum wahrnimmt, und daneben Schloss Dauerbaustelle. Wer hier grillt, grillt vegan oder anders als Oma und Opa, also gesund und geschmacksfrei, liest die *taz*, nicht die *FAZ*, und füttert keine Tiere wie die anderen, die regelmäßig ihre Brot- und Brötchenreste hier entsorgen.

Keine Musik, kein Mann am Grill – der putzt den Salat –, kein fertiger Kartoffelsalat aus dem Kaufpark, kein Bier, kein Käse, keine Cola, kein Baguette, stattdessen Pitabrot, Riffelsteaklettes aus Kartoffeln, Hirsesalat mit Kichererbsen – und für das Kind Bohnenburger.

Tischdecke aus Stoff, Besteck aus Metall, Gläser aus Glas und Tassen aus Steinzeug. Kein Plastik, kein Müll (der wird mitgenommen), kein Handy – und wenn doch, ein altes Klappgerät von Nokia oder Samsung –, Salat in der Klangschale, Brot im Bastkörbchen, Schuhe aus Stoff, Taschen aus Jute, Sonnenbrillen aus Altersheimbeständen und gegessen wird – immer noch – im Schneidersitz. Neben der Bank.

Auf der anderen Seite des Wassers Senf aus der Tube, Kartoffelsalat mit Ei und Gürkchen auf Papptellern, Bier vom Fass in Gläsern aus Plastik – und Bundesliga live auf WDR 2. Der Mann grillt, die Frau isst Krautsalat und das Kind wischt sein Telefon. Etwas lauter hier wegen der S 9 hinter dem Gebüsch, die sonn- und feiertags alle fünfzehn Minuten vorbeirattert, aber nicht schlechter als drüben bei den Veganern, die etwas unglücklich in ihre falsche Bratwurst beißen und wie alle Veganer einen leicht verknispelten Eindruck machen. Hier am Gleis, das merkt man, sind echte Nevigeser zugange. Angeln, eigentlich verboten, die

WAZ und den Stadtanzeiger durchblättern, nach Vierhundert-Euro-Jobs suchen – und nach der Bratwurst gibt's Nackenkoteletts. »Nie wieder im Callcenter arbeiten«, sagt die Frau, »nie wieder Hemden bügeln für andere, und – keine Kneipe mehr.« Wird schwierig mit der Job-Suche. Der Markt für Menschen ohne Ausbildung ist seit Einführung des Mindestlohns noch mieser geworden. Die Jobs, vorher schon knapp im Kaff, sind jetzt noch knapper und haben sich verändert. Längere Einarbeitungszeiten ohne Bezahlung, weniger Haushalt ohne Steuerkarte, kein Trinkgeld mehr, denn das, was reinkommt, geht neuerdings oft an den Chef. Und immer wieder: Bewerbungstraining in Velbert-Mitte oder bei EDB (Erfolg durch Bildung).

»Darf ich zu den Enten?«, fragt das Kind. »Mein Akku ist leer.« Und der Mann sagt: »Frag die Mamma.«

Die Gänse laufen weg und die Enten hinterher. Der Golf kommt, es gibt gleich Futter. Die Tiere erkennen die bevorstehende Mahlzeit am Vierzylinder.

19

Neues MacBook, neues iPhone, Rennrad ohne Gangschaltung – dreißig Jahre alt und wohnzimmertauglich. Im Wohnzimmer die Teakholzanrichte aus den Fünfzigern, Omas Kochbücher im String-Regal, ein Ur-Eames der Herman Miller Furniture Company aus glasfaserverstärktem Kunststoff, Opas Thorens-Plattenspieler und an der Wand über dem aufgemöbelten Sofa Geweihe. Vielleicht eine Kuckucksuhr, vielleicht eine Sammlung alter Brillen oder Schwimmflossen, mit Sicherheit alte Sammeltassen oder anderer Hausrat aus Großmutterbeständen und auf der Fensterbank ein Kleingarten mit Gewürzen in alten, gern unterschiedlichen Pötten. Mann und Frau oder Mann und Mann oder Frau und Frau machen es sich im Internetportal *Freunde von Freunden* und anderen Wohnseiten seit einiger Zeit richtig gemütlich. Je oller, desto doller gilt für alles, was ein paar Jahrzehnte auf dem Buckel hat – ausgenommen für die zeigefreudigen, stolzen Bewohner, die gern am Schneidebrett in der Küche so tun, als würden sie ein Essen vorbereiten, oder im Wohnzimmer so tun, als würden sie gerade ein Buch lesen. Die Homestory ist wieder da. Und mit der Homestory, lange Zeit eine Angelegenheit der belächelten Knallpresse, der in jeder Ecke schön fotografierte alte Plunder, der unter dem Namen »Vintage« eine neue Bedeutung erfährt.

Ohne Verehrer dieser Staubfänger wären die alten Schreibmaschinen von Olivetti, die Küchenmaschinen von Krupps, die Wecker von Junghans und die Lampen von Kaiser, die irgendwie immer ein bisschen nach Baumarkt und nicht nach Bauhaus aussehen, längst auf der Kippe. Wer mithalten will, muss auf den Flohmarkt. Am besten um Mitternacht, wenn aufgebaut wird, oder morgens um fünf. Danach, so hört man, ist alles weg.

Einmal im Jahr gehen die Nevigeser, die sonst ihr Geld wegen Fachgeschäftemangel kaum unter die Leute bringen können, ausgiebig shoppen. Anfang Mai ist Flohmarkt und verkaufsoffener Sonntag. Dreihundert Stände, rund zehn- oder zwanzigtausend Besucher je nach Zählweise, die sich mühsam durch die neunhundert Meter lange Fußgängerzone schieben. Erst rauf bis zur Sparkasse – dauert vierzig Minuten –, dann runter bis zum Warenhaus Gassmann und rüber zum Parkplatz vor dem S-Bahnhof – dauert noch länger.

Das Kaff platzt aus allen Nähten, und viele ältere Nevigeser erinnern sich beim Anblick der unglaublich vielen Menschen an die Wallfahrt im alten Neviges. So etwa muss das gewesen sein. Früher.

Schnelles Gehen ist unmöglich, wohl aber langsames Schieben und Auf-die-Hacken-Treten. Man sieht wenig, weil die Stände auf beiden Seiten der Straße von Menschen belagert sind, trifft jedoch ständig Leute, die man ewige Zeiten nicht gesehen hat: »Guck mal, hab ich gerade für drei

Euro erstanden – runtergehandelt«, bevor die Gesundheit, der Job, die Familie, der letzte Urlaub, die letzte Autorepara-tur, das iPhone mit dreihundert oder mehr Fotos und vierzig Videos und die Kinder oder Enkelkinder dran sind. Dreihun-dert Fotos angucken dauert, also schnell weg: »Tschüss – wir sitzen gleich vor der Eisdiele«, um die man dann vor-sichtshalber einen großen Bogen macht, bevor die Blonde vom Hausarzt von der Seite flüstert: »Alles in Ordnung! Superwerte! Du musst trotzdem mal vorbeikommen, Herr Doktor will dich noch aufs Rad schicken.«

Dann lieber gucken, was die Leute hinter den Tischen verkloppen, und irgendwas kaufen. Aber was? Es gibt nix, was man unbedingt haben muss, dafür vieles, was man haben kann – also irgendwas, das man, wenn man es hat, wie eine Trophäe nach Hause trägt.

In den verkaufsoffenen Läden miese Stimmung, weil die Buden und Tapeziertische der Trödler die Eingänge blockie-ren und die Schaufenster zustellen. Noch miesere Stimmung herrscht in den Cafés und Restaurants, weil alle, die sonst nie kommen, plötzlich da sind und dringend aufs Klo müs-sen.

Vor dem Bierwagen vom Wulli ist alles etwas lockerer. Wer hier steht, bestellt sein Pils und rührt sich nicht mehr vom Fleck. Nach dem ersten Pils das zweite, nach dem zwei-ten Pils das dritte, nach dem dritten das vierte, bis nix mehr reinpasst oder nix mehr da ist. Es geht nicht um Trödel, es geht um Durst. »Trödel?«, sagt jemand. »Hört mir auf damit, brauch ich nicht.« Wir haben gerade erst ausgemistet. Alles raus, auch die Raufaser.«

Der Bierwagen ist eine Goldgrube und irgendwann nachmittags, so hört man, ausverkauft. Leer getrunken. Händler, die Trink- oder Essbares verkaufen, verdienen mehr als die Trödler. Sie verdienen sich dumm und dämlich. Nur Mesut, der Gurkenkönig, will nicht. »Der Sonntag«, sagt er, »ist mir heilig – da arbeite ich nicht.«

Großer Andrang vor den Bratwürsten, den Spießen, den Reibekuchen, Suppen, Oliven, Steaks, Waffeln, Kuchen, Kartoffelsalaten, etwas ruhiger bei der Vernissage im »Wortwechsel«: Kunstausstellung. Der Künstler ist da, es gibt Sekt, Saft, Snacks und fünf Besucher. »Im letzten Jahr«, sagt eine Frau, »gab's Rockmusik vor der Treppe. War schön, bloß etwas zu laut.«

Kurz vor Marktschluss werden viele Sachen billiger. Pullover, Hemden, Strampelhosen, Aschenbecher, Kulis und Glasuntersetzer: fünfzig Cent. Wasserpfeifen: drei Euro fünfzig. Ölgemälde mit bemalten und getackerten Kanten: zehn Euro. Nähkästchen: fünf Euro. Und: »Alles, was auf dem Tisch liegt« für fünf, zehn oder fünfzehn Euro je nach Wetterlage. Wenn es regnet, was selten vorkommt, purzeln die Preise. Um neunzehn Uhr sind alle weg. In fünfundsiebzig Minuten beginnt der Tatort.

Und in sechs Tagen das nächste Fest.

Einmal im Jahr gehen die Nevigeser ausführlich shoppen

Ökumenischer Gottesdienst im Mariendom mit vielen hübsch uniformierten Menschen und dem großartigen Thema »Feuer – Fluch oder Segen?«. Und nach der Segnung der große Umzug durch das Kaff. Vorneweg die Polizei, dahinter die Musikanten mit ihren großen Instrumenten, die Feuerwehrmänner im Gleichschritt, die tipptoppen Feuerwehrmädchen, die den Kindern am Brunnen zuwinken, und am Ende der endlos langen Kolonne – hinterherlaufend: der Neubürgermeister und der Altbürgermeister im Doppelpack wie so oft. Ohne den Alten, sagt man, hätte der Neue, der früher die Finanzen der Stadt regelte, den Job nie gekriegt.

Danach geht's richtig ab. Einmarsch auf das hübsch dekorierte Feuerwehrgelände, Begrüßung der Truppe und anschließend das erlösende »Rührt euch«. Geschafft! Kann losgehen.

Bombenwetter, der Platz füllt sich, die Kinder sind begeistert: neue Hüpfburg (ein in die Breite aufgepustetes Feuerwehrauto), das übliche Coca-Cola-Kästen-Klettern, kleines Fotostudio mit Totalschaden fürs Familienalbum, der gerade fertig reparierte Opel Blitz mit Harry von den Linken, der wie immer gut drauf ist, ein Leiterwagen zum Reinklettern für die Kleinen und der seit Jahren beliebte Löschplatz mit Aufpasser, weil die Kinder sonst Blödsinn machen. Überall Handys in Alarmbereitschaft, denn alles, was die Kleinen anstellen, wird festgehalten.

Der Neubürgermeister (flotter Kurzmantel, feines Sakko, keine Krawatte wie sonst in der *WAZ* und in der *WZ*) und der Altbürgermeister, den die Einwohner immer noch gernhaben, am Bierwagen mit Fans, die nicht wie Chefs oder leitende Angestellte (mit Personalverantwortung) aussehen, sondern wie Personal. Einfache Leute in Uniform oder einfach gekleidet: hübsche Windjacken mit Reißverschluss, Jeans, Sandalen. Man sieht, wer hier Hof hält.

Nebenan wird angestanden: links für Steaks und Bratwurst, rechts für Steaks und Bratwurst oder Currywurst mit Pommes Mayo. Links geht schnell, rechts dauert.

Alles lecker und nicht teuer. »Die Pelle ist zu dick«, sagt Stefan, der sich sonst von einem Klotz Butter auf Körnerbrot ernährt.

Im Bierzelt begrüßt man sich mit Abklatschen oder Küsschen, sitzt etwas unbequem eng nebeneinander, trinkt, isst, erzählt und lacht. »Nee, Stefan, du bist zu dünn«, sagt einer. Dann von draußen Musik. Das Konzert der Feuerwehrband beginnt – ist Geschmackssache oder Gewöhnungssache. Außerdem gibt's Neuigkeiten: Die Nagelfrau hört auf,

die Klamottenfrau zieht um, die Kneipe neben dem Brillenladen wird umgebaut, die Forensik an der Stadtgrenze ist
vom Tisch, das Gemeindehaus auf dem Kirchplatz wird verkauft. Geldmangel. Bei der Sparkasse: Büchsenwerfen. Wer
abräumt, kriegt ein Feuerzeug.

Am Abend »Rock-o-Co« und DJ Ralle und Party in der
»Strandbar« bis tief in die Nacht. »Es war brechend voll«,
zitiert später die *WZ*. »Das Feuerwehrfest in Neviges ist
jedes Jahr ein Muss.«

Der schönste Tag in der Woche ist für viele Nevigeser der
Donnerstag. Monsieur M. muss früh raus, denn um sieben
kommen die ersten Gäste zum Frühstück. Der Schlüpfer-
und Oberbettenverkäufer, die beiden Blondinen vom Kla-
mottenstand, der Mann mit den Fernsehpfannen, die Frau
mit den Mikrofaserlappen, der Kassierer des Marktbetrei-
bers und später, um zehn, die Journalistin von der *WAZ*, die
früher als Gerichtsreporterin einen guten und gut bezahlten Job hatte. Jetzt »macht« sie Neviges und wirbt im Café
für ihre Zeitung. Vor ihr ein Stapel der neuesten Ausgabe,
die es umsonst gibt, außerdem ein bei Journalisten immer
noch beliebter Stenoblock und die Reklame für Abonnen-
ten. Sie hat Glück gehabt: Festanstellung. Viele Kollegen
wurden irgendwann gefeuert und arbeiten jetzt freiberuflich
und »unternehmerisch denkend« für den früheren Arbeitgeber. Reich werden sie nicht, und aufwendige Recherchen
sind nicht mehr drin. Der Verlag müsse sparen, also sparen
auch die Journalisten. Die freien, ebenfalls mies bezahlten
Fotografen mit ihren teuren Vollformatkameras haben es
einfacher: feste Termine, klick-klick, kurzer Blick aufs Dis-

play – fertig. Könnte man mit einer einfachen Knipse genauso machen, tut man aber nicht. Profis arbeiten mit Profikameras.

Vor dem Café von Monsieur M. beginnt der Wochenmarkt. Die Betten sind aufgeschüttelt, die Höschen und Hemdchen aus Feinripp ausgebreitet, die winzigen Ein-Euro-Schlüpfer liegen im Körbchen, und unten bei der Spielhölle wird gefummelt und gerochen: Ist das Leder? Echtes Leder? Kann man eine Handtasche herstellen, durch die halbe Welt schwimmen lassen – und für zehn oder fünfzehn Euro verkaufen? Man kann. Die Handtaschen, Geldbörsen, Gürtel, Rucksäcke und Handyschutzhüllen unterscheiden sich auf den ersten Blick nicht von den teuren Lederwaren in den Geschäften, sie sind nur billiger. Die knallrote »Hermès«-Tasche für fünfundvierzig Euro – letzte Woche noch da –, ist verkauft. War sie echt? Gute Frage.

Vor dem Brunnen flattern die Hosen, die Röcke, die Kittel und die Kleider, und wenn der Wind richtig bläst, was oft passiert, fallen die Halbkörperschaufensterpuppen mit den Leggings und den hautengen, gelöcherten Jeans oder den Schlabberhosen einfach um.

Der Chef, gerade aus dem Heimaturlaub in Indien zurück, freut sich über die »Reklame«, denn die Leute bleiben stehen – und kaufen.

Der Mann mit den Messern, Gabeln, Scheren, Taschenlampen, Dosenöffnern, Kartoffelreiben und anderem Krimskrams für die Küchenschublade kommt nicht mehr jede Woche, und der Uhrendoc, der früher sein Wägelchen am Elektroladen hatte, ist endgültig weg. Er doktert jetzt im

Halbe Frau in der Fuzo

Halbe Frau, umgefallen

Plüschcafé am Kloster herum. Vielleicht hat sich alles nicht mehr gelohnt. Vor der Fußgängerampel Plastiktischdecken von der Rolle, Geburtstags- und Trauerkarten. Und hinter der Fußgängerampel: Lappen.

Gegenüber am Feinkoststand die Kleinen vom Kindergarten, die heute einen Ausflug machen. Sie kommen Hand in Hand in Zweierreihen mit den Erzieherinnen und wissen immer noch nicht so recht, was sie von den fremd riechenden und aussehenden Sachen halten sollen. Es gibt Brot und allerlei Brotaufstrich, den die Kinder beim letzten Besuch noch nicht probiert haben. »Das sind«, sagt der Feinkostmann, »meine Kunden von morgen.«

Sechs Junghenneneier kosten bei der Eierfrau sechzig Cent im Plastikbeutel und zweiundsiebzig Cent im Eierkarton. Die großen kosten das Doppelte, schmecken aber nicht besser. Die braunen auch nicht, sind trotzdem beliebter als die weißen, weil die weißen angeblich beim Kochen schneller kaputtgehen. Die Eierfrau sagt: »Keine Ahnung – wenn Sie sicher sein wollen, nehmen Sie Partyeier.«

Harry Flint vom »Fachbetrieb für Meinungsverstärkung« steht mit Mikro und Hintergrundmusik vor der Apotheke am Glücksrad. Wer seine Fragen richtig beantwortet, richtig am Rad dreht oder in die Hocke geht, aufspringt und »Juhu« ruft, kriegt einen Gutschein vom Fischstand. Die Fragen sind einfach: »Wir sind der größte Marktbetreiber in Deutschland – wie viele Märkte veranstalten wir? Was denkst du?«, fragt er eine Rentnerin. »Vierundzwanzig? Einundfünfzig? Oder sind es sogar hundertfünfundzwanzig?« Die sagt: »Einundfünfzig«, liegt knapp daneben – und kriegt einen Stoffbeutel. Der »Heiße Heini«, steht später in der *WAZ*, »begeisterte mit seinen kessen Sprüchen die Besucher«.

Der Marktbetreiber hat die Ausschreibung der Stadt gewonnen. Die Werbegemeinschaft wollte alles umkrempeln, kam jedoch nicht zum Zug – und war beleidigt. »Mehr Bio, mehr Qualität, mehr Aktionen«, aber wofür? Der Markt ist der beste im Kreis und ein Selbstläufer. Er bringt dem Kaff mehr Besucher als die Wallfahrt.

Seit geklaut wird, schreitet ein Polizist die Stände ab. Sieht toll aus mit den Handschellen am Gürtel, hält die Taschendiebe dennoch nicht davon ab, den Rentnern in die Taschen zu greifen. »Alles Ausländer«, hört man, gesehen oder gefasst wurde allerdings noch keiner. Der Uniformierte, ein stattlicher Mann, ist beliebt. Er gibt den Leuten, die sonst mit den Bullen nix am Hut haben, Sicherheit.

Am nächsten Stand Pfannen aus der Fernsehwerbung, am übernächsten neue Lappen, die ebenfalls im Fernsehen angepriesen werden und besser sein sollen als die alten. Am Nebenstand Staubsaugerbeutel.

Vor dem Reibekuchenstand der Nevigeser Promistehtisch: Es gibt Reibekuchen mit Apfelmus, falsches Kotelett, Brüh-, Brat- und Currywurst, Kartoffelsalat nach Hausfrauenart, Bratkartoffeln und Suppen. Der stellvertretende Bürgermeister spricht mit dem Doktor vom Förderverein, der Doktor spricht über Narzissen und Fledermäuse, der Pferdeflüsterer isst Suppe, und Harry von den Linken grüßt jeden, der vorbeikommt. Der gut gekleidete Mann aus Wülfrath, der jeden Donnerstag sein neues Outfit im Kaff spazieren trägt, steht am Nebentisch mit der Regisseurin, der Frau mit dem Hähnchenrekord (elf Stück) und »Acker«, der seinen Caruso weggeben musste, weil das Tier die fünf Etagen irgendwann nicht mehr geschafft hat. Der Zahnarzt nimmt immer irgendwas auf die Hand – und geht weiter.

Nebenan wird Fisch auf Eis und heiß aus der Fritteuse verkauft. Renner sind Kibbelinge mit Remouladensoße und Bratfisch, außerdem Matjes, der mit der Schere (man kriegt nur Gabeln, keine Messer) klein geschnitten wird. Austern gibt's auch, aber selten – laufen nicht, Forellen dagegen gibt's jede Woche. Schräg gegenüber schreit der Bäcker. »Frische Brötchen, frische Berliner, frischer Bienenstich…« Fünf Stunden ununterbrochen das volle Programm. »Die armen Verkäuferinnen«, sagt die Frau mit dem Hähnchenrekord, »landen alle irgendwann auf der Fünften«, und meint die oberste Etage im Klinikum Velbert.

Gegen halb eins werden Sachen, die weg müssen, billiger: Schnittblumen, Obst und Gemüse. Beim Lammkarree und Pferdefleisch bleibt alles beim regulären Preis.

Vor der Sparkasse ein knallrotes Selbstbedienungszelt. Die Menschen stehen Schlange, als würde das Zeug im Zelt nix kosten, und wühlen sich durch das Angebot: Dauerwurst neben Kinderschokolade, verpackter Gouda, Jagdwurst, Butter, Hautcreme, Bonbons, Speck, Gurken, Brühwurst, Papiertaschentücher. Und am Ende eine riesige Registrierkasse wie im Supermarkt. Billiger kann man in Neviges nicht einkaufen. Oder doch?

Die Nevigeser Tafel hatte früher ihren Platz im alten Rathaus. Schöne Räume, aber doofe Lage, weil der Eingang für alle Nevigeser sichtbar war. Wer geht rein? Wer kommt raus? Wer ist arm, bedürftig, arbeitslos, alt? Hätte man etwas diskreter machen können, hat man irgendwann auch. Allerdings nicht freiwillig. Die Tafel musste raus.

Seit das Rathaus einem Investor gehört, der irgendwann irgendwas mit dem Gebäude anfangen will, ist die Tafel in einer Seitenstraße untergebracht. Das ist besser für die rund hundertzwanzig Kunden, die jeden Donnerstag die Einrichtung besuchen. Es gibt eine warme Mahlzeit und günstige Lebensmittel zum Mitnehmen. Wer dabei sein will, braucht die »Tafel-Card«, und wer die haben will, muss bedürftig sein und die Bedürftigkeit nachweisen.

Der Aufenthaltsraum der Tafel ist picobello. Hübsch gedeckte Tische, freundliche, ehrenamtlich arbeitende Mitarbeiterinnen, gute, frisch zubereitete Hausmannskost. Und viele Gäste, die von dreihundertneunundneunzig Euro im Monat, das ist der Regelsatz für alleinstehende Hartz-IV-Bezieher, leben müssen. Ein Nachbar vom Kirchplatz, ein früherer Arbeitskollege, zwei Bekannte aus der Stammkneipe, die Frau vom Busbahnhof – eine Menge Nevigeser, die man kennt oder irgendwann schon mal gesehen hat. Ist es peinlich, hier zu sitzen? »Ja«, sagt ein Gast, »es ist nicht schön. Aber der Absturz kommt schneller, als viele Leute denken. Ein Jahr arbeitslos – und du landest hier.« Die Mahlzeit kostet fünfzig Cent. Eine gefüllte Tragetasche mit Lebensmitteln einen Euro. Die Stimmung ist gut bei den Jungen, die Arbeit suchen, jedoch nicht finden, und besser bei den Alten, die ihr Berufsleben hinter sich haben.

Die Tafel-Card ist eine Idee der Einrichtung. Sie wurde notwendig, weil sich viele Besucher die billigen Lebensmittel gegenseitig nicht gönnten. Jetzt ist alles geklärt. Wer die Tafel-Card, ein Stück Pappe in Klarsichtfolie, besitzt, ist berechtigt. Es könnten mehr werden, wenn sich mehr Menschen trauen würden, die Tafel zu besuchen – und wenn mehr Flüchtlinge kommen. Noch werden sie gut versorgt in den Notunterkünften, aber sie werden kommen. Die Infotafel mit den Bürozeiten am Eingang ist schon auf Englisch.

20

Wenn die Liebe geht, kommen die Menschen auf komische Gedanken. Sie verkaufen das Haus, kaufen ein großes Auto, ein noch größeres Mobiltelefon, stürzen sich in die Arbeit, in Schulden, in ein Abenteuer, hören Wagner statt Mariah Carey, putzen das Badezimmer, das Auto, wandern mit Skistöcken durch die Stadt, wandern aus, gehen zum Frisör, nehmen Valium, gehen zur Beichte, verlassen den Freundeskreis, lesen Proust, gucken Pornos, räumen die Wohnung um, bringen sich um, nehmen ihr Festnetztelefon mit ins Badezimmer, finden alles prima, finden alles scheiße.

Das ist in Hamburg nicht anders als in Düsseldorf oder Stuttgart. Aber wie ist das im Kaff, wo jeder alles mitbekommt? Was kann man machen, wenn alles aus dem Leim geht? Sich verkriechen? Neu anfangen? Alles wieder aufwärmen? In die nächste Disco? Ein Projekt starten? Gute Idee. Etwas machen, was vorher nicht möglich war? Besser!

Mittwochs ist Hähnchentag in Neviges. Kleiner Verkaufswagen mit Grill und Kühlvitrine für Krautsalat, ein Hähnchenmann, viele Stammkunden, gute Lage am Parkplatz im Bahnhofsviertel. Ganze Hähnchen, halbe Hähnchen und Hähnchenkeulen zum Mitnehmen. Wenn Anna den Wagen sieht, atmet sie durch.

Sie war jung, als sie heiratete, und sehr glücklich. Und sie bemerkte erst später, dass ihr Mann – etwas älter als sie, fester Job, grüne, grasgrüne Augen, dunkle Haare, etwas kleiner als sie, guter Liebhaber – ein Arschloch war. Blöd bloß, dass sie verliebt war. Hochzeit mit neunzehn, eine Tochter mit einundzwanzig, die zweite mit zweiundzwanzig, größeres Auto, größere Wohnung, Urlaub in Italien, besserer Job mit Weihnachtsgeld und Urlaubsgeld und Überstundenzuschlägen, mehr Verantwortung, weniger Zeit für die Familie, keine Zeit für Anna. Er der Chef, sie die Hausfrau. Er wurde komisch, geizig, misstrauisch und eifersüchtig auf alles, was sie schön fand – sie machte alles, was er wollte. Sie wollte reden, er wollte nicht. Sie war sein Eigentum. Sie ging weg, er holte sie zurück. Sie ging noch mal weg und war bald wieder da. War das alles für sie? War das gut für sie? Es ging ihnen nicht schlecht, »wenn er nur nicht so geizig gewesen wäre«.

Wenn sie heute davon erzählt, ist alles längst vergessen. »Wir hatten keine schlechte Zeit«, sagt sie, »mein Mann hat für uns gesorgt, und ich habe gemacht, was er wollte. Geputzt, gebügelt, die Kinder großgezogen, gekocht und – gespart.« Es gab sonntags einen Braten, danach einen Spaziergang zum Schloss. Ein Bier für ihn, eine Limo, die sie sich mit den Mädchen teilte. Kein Kinobesuch, keine Disco, kein Strauß Blumen, keine Geschenke. Es gab nix mehr von ihm, als die Kinder da waren, und schon gar nix außer der Reihe. Nie ein Eis, selten eine Pizza, die sie allerdings nie für sich alleine hatte, bloß Besuche bei der Tante, Fernsehen auf dem Balkon, früh aufstehen, die Kinder fertig machen, das Frühstück für ihn machen, einkaufen, waschen, kochen, auf ihn warten. Das war's. Er war müde, wenn er kam. Sie war hellwach. Das Essen stand auf dem Tisch, die Wohnung war aufgeräumt, um acht lief die Tagesschau, und um neun waren sie im Bett. »Ich lag stundenlang wach«, sagt sie, »und träumte von Hähnchen. Von einem halben, frisch gegrillten Hähnchen, ganz für mich alleine.«

Wenn ihr Mann, was selten passierte, eins mitbrachte, kriegte sie wenig ab. »Den Schenkel bekam er, die Brust war für die Kinder, für mich blieben nur der Flügel und die Knochen.« Und der Duft. Es war vor allem der Geruch, der sie anzog, als der Hähnchenmann seinen fahrbaren Laden aufmachte. Dieser süße Geruch nach verbranntem Fleisch und Paprika.

Ging ihr Mann fremd? Vielleicht. Hatte sie einen anderen? Nein. Er war ihre erste große Liebe oder was sie dafür hielt. Irgendwann war Schluss. Endgültig Schluss. Er musste die Wohnung verlassen – sie fuhr zum Hähnchenmann.

Die ersten beiden Hähnchen aß sie im Auto. Mit dem dritten und vierten fuhr sie in ihre Wohnung, deckte den Tisch, telefonierte mit der Tante, aß die Hähnchen und war kurze Zeit später wieder unterwegs: Hähnchen holen. Diesmal drei. Eins für die Tante, eins für die Cousine und eins für sich. Als die Tante nicht kam, aß sie alle drei. Und dann? »Kam die Tante.« War ihr schlecht? »Noch nicht.«

Nach elf Hähnchen, elf ganzen Hähnchen, war Schluss. Sie legte sich ins Bett und wartete zwei Tage ab. War ihr jetzt schlecht? Ja. War sie beim Arzt? Nein. »Was hätte ich ihm sagen sollen? Ich habe mich geschämt.« Wofür? »Blöde

Frage«, sagt sie, »elf Hähnchen – der hätte mich eingeliefert.«

Und heute? »Ich kann dem Geruch nicht widerstehen. Immer noch nicht. Aber mehr als ein halbes Hähnchen schaffe ich nicht. Zwei halbe vielleicht. Höchstens drei. Dann reicht's.«

T-Shirts, die aussehen wie Kopfkissenbezüge mit kurzen Ärmeln, Pullover, breiter als ausgewachsene Schafe, Kleider und Blusen, mit denen man einen Kleinwagen verhüllen könnte. Im Fachgeschäft für gut ernährte Frauen sind die Klamotten ein bisschen größer, die Kundinnen etwas pummeliger und die Preise, ein Wunder bei dem Rohstoffeinsatz, nicht einmal höher.

Die Dicken, bisher in Sack und Asche gekleidet, sollen endlich die Fußgängerzone erobern, selbstbewusst im Café und beim Kardiologen sitzen, sich nicht mehr verstecken müssen und schon gar nicht auf das Internet mit den ewigen Umtauschorgien angewiesen sein. Sie sollen essen, was reinpasst, und die passenden Klamotten bei Kati (»dein Leben, deine Mode, dein Style – bis Größe 66«) anprobieren und kaufen. Vier hübsch dekorierte Schaufenster, breiter Eingang, geräumige Umkleidekabine (112 mal 153 Zentimeter) mit rosa Badematte und extrabreitem Spiegel, stabiles Sofa, gedämpftes Licht, warenkundige, emphatische Beratung durch die Chefin.

Kati, sie schreibt sich Kati's, hatte früher einen Laden im Autohaus, gerade mal zwölf Quadratmeter groß. »Das war«, sagt sie, »für meine Branche nix.« Jetzt hat sie endlich Platz, und die Lage in der Fußgängerzone könnte nicht besser sein: Hundefutterladen gegenüber, Pizzeria direkt nebenan. Und ein Parkplatz (in Neviges nimmt man das nicht so genau mit der StVO) für SUVs und andere fette Karren direkt vor der Tür.

Das Ladenlokal stand lange Zeit leer. Bei der Eröffnung keine aufgeblasenen Luftballons wie sonst üblich, ein paar Stehtische mit weißen Hussen, ein »Sektchen«, etwas zum Knabbern und dann die Führung durch den Laden: kein Rentnerbeige, sondern »anschmiegsame, fließende« Stoffe in kräftigen, »aktuellen« Farben. »Ab Größe 42«, sagt die Chefin, »sollten die Sachen nicht mehr so eng am Körper getragen werden. Sie sollen schmeicheln – und Lust machen.« »Gibt's was Passendes für drunter oder drüber?«, fragt eine Kundin, die eine durchsichtige schwarze Tüllleggings in der Hand hat. »Kommt drauf an, was Sie vorhaben!« Wer sich die Leggings in Ruhe ansehen will, kann sich vors Schaufenster setzen. Und Pizza essen.

Die Außentische des Restaurants »La Piazza« stehen im Sommer direkt vor Katis Schaufenster. Es gibt kleine Pizzen, mittlere Pizzen und riesengroße. Die riesengroße Pizza ist größer als der Teller, die mittlere so groß wie der Teller und von der kleinen wird man satt. Der Besitzer ist Italiener, der Kellner spricht italienisch, versteht aber alles, wenn man die Zeichensprache beherrscht und ein paar Brocken Italienisch. Wer »Primitivo« sagt, kriegt eine Karaffe Wein, wer auf die Karaffe zeigt und die Hand etwas hebt, kriegt eine weitere, ein in die Luft gemaltes Quadrat heißt: Bin satt, bitte alles einpacken, nehme ich mit. Die Musik ist von Adriano Celentano, der Wein kommt aus Wuppertal, und die Gäste sind aus der Umgebung. Es dauert lange, bis sich die Nevigeser an ein neues Restaurant gewöhnen.

Hinten in der Passage das Restaurant. Keine neue Einrichtung, aber Tischdecken aus Stoff. Die Schutzdecken aus durchsichtigem Plastik, die aussahen wie Abdeckfolie aus dem Baumarkt, sind verschwunden, weil die Gäste an den Dingern kleben blieben und sich beschwerten. An den Wänden Steintapete, auf dem Kühlschrank Steintapete. Und auf der Steintapete das übliche Kunstwerk: »Die Erschaffung Adams«. Sonst alles hübsch. Viel Holz, dunkel gestrichene Decke, eine zu große, etwas biedere Theke vom Vormieter, Schrankwand dahinter, abgehängte Holzdecke darüber, eine offene Küche mit Schiefertafel: »Herzlich Willkommen«, und überall, wo Platz ist, Pizzakartons. Die Aussicht in die heruntergekommene Passage mit den alten Vitrinen ist nicht das, was man sich für einen romantischen Abend vorstellt. Ansonsten: Alles gemütlich. »Wird noch schöner«, sagt der Chef, »dauert ein Jahr.« Die beiden Kronleuchter mit Glasklunker für die Tische der Stammgäste sind bestellt, die neue Espressomaschine macht den besten Espresso im Kaff. Gibt's einen Trick, den andere nicht draufhaben? »Weniger Wasser.«

Von siebzehn bis zweiundzwanzig Uhr wird geliefert. »Läuft richtig gut«, sagt der Fahrer. Kein Wunder. Irgendwas müssen die Leute im Kaff nun mal essen.

Nebenan im »Miami Beach« ein großes Spielzimmer mit Sky-Anschluss und Großleinwand, Billard und Internet, und daneben das schummrig beleuchtete Wohnzimmer mit Bar aus Plexiglas, Flaschenregal mit indirekter, türkisblauer Beleuchtung, Kronleuchter aus Pingpongbällen, Fünf-Meter-Sofa, Fünfzig-Zoll-Fernseher, drei Spielautomaten,

Topfpflanzen, Dartscheibe – und mit einer hübschen Bedienung, die beim Servieren lächelt und auf dem Weg zur Theke mit dem Popo wackelt.

Ansonsten: Männer. Achtzig Prozent Männer. Die sprechen griechisch oder deutsch oder türkisch, spielen gelangweilt mit dem 6er von Apple und dem Schlüssel vom 3er, füttern die Automaten, machen irgendwelche Geschäfte oder reden über Geschäfte, essen Pizza, die von nebenan gebracht wird, bestellen Drinks, flirten mit der Popowackelfrau und bleiben oft bis tief in der Nacht. Alles dreht sich um Fußball, um Handys, um Geld, um Autos, ums Internet, um Jobs, um Sportwetten und immer wieder um Fußball. Deutsche Liga, griechische Liga, türkische Liga, große Vereine, kleine Vereine, sehr kleine Vereine, die in Neviges kaum jemand kennt.

Die Musik ist anstrengend, zum Getränk gibt's eine Verzehrkarte und geraucht wird auf der Straße. Vier Tische, acht Stühle, die in Reih und Glied vor der Fassade stehen, kein Baum, kein Gebüsch, kein Sand oder Kies, kein vorbeilaufender Mensch – Biergarten pur. Aussicht auf nix, nur vorbeifahrende Autos.

Freitags und samstags wird's richtig voll. Die Einsamen, die sich volllaufen lassen, der Autobusfotograf, die Inhaber der Fast-Food-Läden, junge Männer, die ihrer frisch geduschten Liebsten die große weite Welt zeigen. Auf cool machen, Whisky trinken, die Scheine lässig aus der Hosentasche ziehen, wenig reden, gar nicht reden, trinken und Augen und Hände nicht vom Handy lassen. Alle wischen, tippen, zeigen, versenden irgendwas. Ohne Handy sind Pärchen, die sich länger als eine Woche kennen, offensichtlich verloren. Es riecht nach »Axe«.

21

Im Sommer 2015 fiel in Australien eine kerngesunde Frau um. Sie lag »mehrere Stunden« auf dem Bürgersteig, bis sie von einem Taxifahrer gerettet wurde. Die Nachricht auf *Spiegel Online* verbreitete sich in Windeseile über Facebook und Twitter, und jeder, der am Tag danach eine Zeitung in der Hand hielt, wusste, was er schon immer gewusst hatte: Das mit den hautengen Röhrenjeans kann auf Dauer nicht gut gehen. Die Dinger klemmen. Die Frau hatte einer Freundin beim Umzug geholfen und stundenlang in der Hocke Wäsche aus einem Kleiderschrank geräumt, bis die Beine dick wurden. »Beim Eintreffen im Krankenhaus«, sagte der behandelnde Professor, der die Geschichte im *Journal of Neurology, Neurosurgery and Psychiatry* publizierte, »waren die Beine so angeschwollen, dass wir die Patientin aus ihrer Hose schneiden mussten.« Nach vier Tagen konnte die Frau wieder laufen.

Zwei Tage später veröffentlichte die Stadt Velbert eine Pressemitteilung: »Im Juli ist kein Abfuhrtag von einer Feiertagsverschiebung betroffen. Alle Abfuhren für die Bio- und Restmülltonnen, die Gelben Säcke sowie die Altpapiertonnen finden an den im Abfallkalender vorgegebenen Tagen statt.«

Das Sommerloch. Während die Hosengeschichte im Kaff die Runde machte, wurde der Schwachsinn der Velberter Pressestelle vermutlich nicht einmal von den Redakteuren der Zeitungen gelesen. Dabei gab es durchaus Nachrichten im Kaff: Mesuts SUV wurde geklaut, Damiana gab Prozente, bei Nevigös gab's Skinny-Jeans, der Fahrer von Rossmann legte eine Fußgängerampel flach, Pascal hatte die Prüfung als Koch bestanden, Herr Maier dekorierte Winterschuhe, die Staubsaugersammlerin saugte ihre Terrasse, Anastasia wurde bei der Arbeit in der Spielhölle bedroht (Machete, Pistole), die städtischen Gärtner pusteten Laub (im Juni), die Kirchplatzkatzen waren laut (Sex), die Kirchplatzhandwerker waren lauter (Steinbohrer, Kreissäge, Flex, gegenseitiges Anbrüllen), die Polente war da (wegen der Fußgängerampel), der Bürgermeister ebenfalls (wegen Bürgernähe), der ehemalige Bürgermeister »fand die Reichstagsverhüllung in Berlin damals schon eine gute Sache« (*WAZ*). Der Chef der Musik- und Kunstschule hatte drei Monate Urlaub (Überstundenabbau), der unterlegene Bürgermeisterkandidat bekam einen neuen Job, die Grünen fanden das scheiße, bei Gassmann wurde Parfum geklaut, Stefan hatte Probleme (Verdauung), der Schuster war krank, die Regisseurin wartete auf das neue Auto, die Philos machten Sommerpause, Nikko wurde Papa und machte Tassos zum Opa, die Post kam nicht an (wegen Streik), Lummer war in Albanien. Der Dom war undicht (immer noch), genauso der Brunnen (egal), der evangelische Kirchturm wurde eingerüstet, der Kirchturmgockel vergoldet. Am Hähnchentag war's kalt, am Schnitzeltag warm, danach wurde es heiß. Es gab Gerüchte (Brunnen, Laternen, »Frauenzimmer«, Plüschcafé, Stadthalle, Fahrpreiserhöhung, Krankenhausabriss, altes Rathaus, Fledermäuse, Post, Stadtbücherei, Bürgerbüro, Bunker, Dom, Schloss, Altenwohnungen, einige Türken fasteten – viele Türken fasteten nicht, die Dülmener Wallfahrer waren da (vorher die Kroaten und die Polen). Katis Laden brummte, Uschi zog um, die Brötchenfrau im Kaufpark hatte Spätdienst, am Kiosk gab's Roth-Händle (endlich wieder), die Minigolfer wurden Meister (schon wieder), Rossmann hatte Schlauchboote im Angebot, und in der Fuzo fiel ein Mann um. Der Mann war betrunken.

Das war früher normal. Die Männer tranken, fielen um, schliefen sich aus, und die Sache war vergessen. Im Puff traf man den Nachbarn, in der Sauna die Nachbarin, es gab überall Fleisch und Kartoffelsalat, Bier und Fusel bis zum Abwinken, die Röcke waren kürzer, und die heilige Messe im Dom war sonntags rappelvoll. Vorbei. Die Zeiten ändern sich: Alkoholfreies Weizenbier ist erst der Anfang.

»Meine erste Ehe«, sagt Herr Hügel, »war im Eimer, als mich meine Frau beim Dreier im Ehebett erwischte. Das war Mist. Großer Mist. Aber wir hatten Spaß.«

Heute wird Sex im Kaff gekauft. Nicht im Puff (die beiden Nevigeser Betriebe sind längst geschlossen), sondern im Buchladen. *Fifty Shades of Grey* war monatelang der Renner, jetzt stehen *After passion*, *After truth*, *After love*, *After forever* und andere Scharfmacher im Regal. »Alles Serien«, sagt die Buchhändlerin. »Wir bestellen immer Band eins. Der Rest läuft von alleine.«

Herr Hügel. Bekannt wie ein bunter Hund

Die Fußpflegefrau in der alten Metzgerei vom alten Schmidt hat diversifiziert. Sie sitzt mit schneeweißen Arztklamotten und Birkenstocksandalen in ihrem Institut und wartet auf neue Kundschaft. Nicht auf die Alten, Kranken, Dicken, Unbeholfenen, die nicht mehr an ihre Füße kommen, die kommen sowieso in ihren Laden, sondern auf die Jungen, Schönen, Bärtigen, Sportlichen, die *Gala* lesen und Serien gucken und ein Problem haben mit ihren Haaren.

Das Plakat in der Fußgängerzone »Endlich haarfrei« kommt da wie gerufen, meint aber nicht das, was sich *Playboy*-Leser und Oberärzte in der Chirurgie so vorstellen. Sondern: Oberlippenbart acht Euro, Barthaare (viele) fünfzehn Euro, Barthaare (wenige) sieben Euro, Beinenthaarung (bis zum Knie) achtundzwanzig Euro. Wer mehr weghaben will, kann es bei einem Frisör versuchen, was nicht einfach ist, Herrn Hügel fragen, der sich auskennt, oder Tabea (29). Die hatte sich zu Weihnachten eine dauerhafte Intimenthaarung von ihren Eltern gewünscht. War nicht billig (Kö, Düsseldorf), soll aber spiegelblank und »wunderschön« geworden sein.

Wer aus der Reihe tanzt, hat schlechte Karten. Tanzen in der Fußgängerzone, Trommeln in der Etagenwohnung, ein Buch verkehrt rum lesen (Pascal kann das), im Brunnen schnorcheln (Herr Hennenberg macht das), den ganzen Tag im Café abhängen, als Mann einen Mann lieben, als Frau eine Frau lieben, Fußball spielen in der Fuzo, den Männern hinterherpfeifen. Wer etwas macht, was andere nicht machen oder können oder nicht verstehen, darf nicht auf Wunder und auf Hilfe warten. Von wem auch? Von der Stadt? Von der Obrigkeit? Der neue Bürgermeister (Buchhaltertyp) ließ das Bild einer Ausstellung im Rathaus abhängen, weil es ihm nicht passte. Das war blöd, sorgte für Aufregung in der Zeitung und bei den Künstlern. Nach ein paar Tagen war alles wieder vergessen.

Helmut hatte Angst. Vor den Nachbarn. Vor den Menschen. Vor Polizisten, Soldaten, Politikern. Vor dem Untergang der Welt, vor sich selbst, vor dem Frisör, vor Ärzten und Zahnärzten, vor allem aber vor dem dritten Weltkrieg. Er verkroch sich, verhängte die Fenster, hortete Konserven, stapelte Zeitschriften und Zeitungen auf dem Boden seines Wohnzimmers, schluckte Unmengen LSD, was damals sehr beliebt war, bemalte die Wände – und konnte sein Wohnzim-

Herr Hennenberg ist fröhlich

Auf dem Weg zur Eisdiele. Herr Hennenberg

mer irgendwann nicht mehr betreten. Er kam einfach nicht mehr rein. Die wohnzimmergroße Zeitungssammlung war achtzig Zentimeter hoch, als er mit fünfundsiebzig starb. In der Küche Hunderte Suppen, im Flur und Schlafzimmer eingemachtes Obst, unzählige Bilder, Skizzen, Zettel, Fotos, Fundstücke aus dem Wald und unter dem Bett ein riesiges Loch. Er hatte monatelang gebuddelt und einen Notausgang zur fünfzig Meter entfernten Straße gelegt. Vorsichtshalber. Abends legte er Karten, erklärte dem Vermieter, mit dem er oft zusammensaß, die »Zusammenhänge«, malte, war mit irgendwas beschäftigt, ging früh schlafen, stand früh auf und lebte allein.

Sein Häuschen auf dem Gelände einer ehemaligen Brauerei liegt etwas außerhalb hinter dem vornehmen Sterne-Restaurant im Gebüsch. Antje, die Nachbarin, zeigt mit der Taschenlampe die kleinen Zimmer. Dunkel alles. Kein Bad, kein Klo, keine Heizung, keine Möbel, nur die Bilder auf der Wand. »Ich glaube«, sagt sie, »er ging ins Gebüsch, wenn er mal musste. Wo seine Sachen geblieben sind? Keine Ahnung. Er war ja ein besonderer Mensch, etwas verwahrlost vielleicht, also kein Typ für einen Sparkassenjob oder irgendeinen Job, aber ein toller Mann.«

Das Sterne-Restaurant, knapp fünfhundert Meter von Helmuts Behausung entfernt, hat eine eigene Bushaltestelle. Die heißt »Stemberg«, und man munkelt, es gebe einen eigenen Hubschrauberlandeplatz. Stimmt vermutlich nicht, ist auch egal, weil kein Nevigeser einen Hubschrauber hat, viele Nevigeser jedoch eine Monatskarte haben. Die Linie 647 fährt alle dreißig Minuten vom Nevigeser Busbahnhof ab. Dauert fünf Minuten, und wenn man da ist, sieht man sofort: guter Laden. Alles picobello, aufmerksame Leute, angemessene Preise, und – in dieser Liga ungewöhnlich – man wird satt. Sascha Stemberg, der den Michelin-Stern bekommen hat, ist der beste Koch im Kaff. Bekannter als er ist Papa Stemberg, der Fernsehkoch, und noch bekannter als Papa Stemberg ist nur der Lefti.

Ein Schaumsüppchen vom Atlantikhummer mit Champagner gibt's für zehn Euro, die gebratene Blutwurst mit Sättigungsbeilage kostet siebzehn Euro, und Männer, die zu Hause von ihren vegan kochenden Frauen gequält werden, können ihr Glück kaum fassen: »Fünfhundert Gramm Hochrippe mit Knochen vom Pommern-Rind, fünfunddreißig Tage trocken gereift, mit Bone-Sucking-Sauce, Café-de-Paris-Butter, belgischen Pommes frites mit Parmesankäse und Pflücksalaten in Kürbiskernvinaigrette« für bloß fünf Komma drei Stunden Mindestlohn. Der Kumpel vom alten Stefan ist begeistert. »Alles toll«, sagt er. »Lohnt sich.« »Nein, einen Hubschrauberlandeplatz habe ich nicht gesehen, und wissen Sie was? In Richtung Düsseldorf links, ich komm jetzt nicht auf den Namen, ist es viel teurer. Die Stembergs sind auf dem Teppich geblieben. Das muss man mal so sagen.« Noch üppigere (und günstigere) Portionen gibt's in Neviges nur bei den Griechen, die bekanntlich nur Gyros, Spieße und Salat mit Käse können, aber riesige Berge auf die Teller packen.

Lefti war wütend. Sein Gyrostaxi stand vor seinem Laden in der Fußgängerzone, als die Knöllchenfrau anrückte: »Sie dürfen hier nicht parken.« »Bin in fünf Minuten weg«, sagte

Lefti, und die Knöllchenfrau antwortete: »Ich brauche bloß eine Minute«, schrieb ihren Zettel, und Lefti trat zu. In sein Auto. Einmal, zweimal, dreimal, bis die Tür eine zwanzig Zentimeter tiefe Delle hatte. Unreparierbar, weil Lefti kräftig ist und noch kräftiger, wenn er wütend wird. Die Gäste auf der Terrasse grölten und applaudierten, der Schaden war gewaltig, Leftis Frau war sauer und Lefti erleichtert. Das Knöllchen kostete fünf Euro.

Restaurant Lefti

Der »Gyros-Gott« (*WAZ*) ist ruhiger geworden. Sein neues Lokal liegt etwas außerhalb hinter dem evangelischen Friedhof in Richtung Wuppertal. Die Gäste kommen aus Wülfrath, Mettmann, Velbert, Ratingen, Mönchengladbach, Wuppertal – sogar aus Hamburg. Wenn Alea und Volker in der Gegend sind, wird ein Besuch bei Lefti fest eingeplant. »Ohne Lefti«, sagt Volker, »macht ein Besuch in Neviges keinen Sinn.« In Hilchenbach bei Oma Heidi, das ist die zweite Station auf ihrer Reise, geht's zum Chinesen. Der kocht auch gut, kommt allerdings an Lefti nicht heran, weil die Chinesen anders kochen. Lefti kocht griechisch.

»Lefti«, schreibt Karl im Internet, »gehört zu Neviges wie der Dom. Schon als Teenager dort unzählige Currywürste und Schnitzel gegessen. Die Schnitzel sind groß. Sehr freundlicher, persönlicher Service. Lefti und seine Elisabeth geben alles. Sehr zu empfehlen, fünf Sterne.«

Und Michael: »Ich bin zufällig in Neviges gelandet. Schnell etwas essen vor einem Termin, deshalb ohne Knoblauch. Und ich muss gestehen, so delikat habe ich noch nie griechisch gegessen, selbst in Griechenland nicht. Komme wieder, wenn ich in der Ecke bin.« Die *WAZ* schwärmt ebenfalls, nennt ihn »Messias«, was sicher übertrieben, wenngleich verständlich ist, wenn man mit vollem Magen und ein paar Ouzos intus einen Artikel schreibt.

Die Portionen sind groß, es geht aber auch anders. Zum Beispiel Rumpsteak oder Lammkoteletts mit ein paar Pommes und Tomatensalat. Wer fünf Pommes bestellt – das ist die Untergrenze –, kriegt zehn oder zwölf. Danach gibt's Ouzo.

Mit seinem Lokal in Tönisheide hat Lefti kein Glück gehabt. Kurz vor der Eröffnung ein Drama. »Buttersäureanschlag auf den Gyros-Gott« schrieb die *Bild*-Zeitung. »Es war ekelhaft«, sagt Lefti, »wir wollten nur putzen und alles schön machen, und dann das. Stank schon auf der Straße.« Die Eröffnung musste abgesagt werden. Und trotz ausgesetzter zweitausend Euro Belohnung wurde der Täter nie gefasst.

In der Spielhölle am Busbahnhof stehen Einbrüche und Überfälle auf der Tagesordnung. Mal werden die Scheiben mit Gullydeckeln eingeschmissen oder die Einrichtung wird demoliert, mal kommt Besuch von dunkel gekleideten Männern. Der Laden läuft gut, das sieht man schon an den Öffnungszeiten (ab acht Uhr morgens), das Personal ist adrett gekleidet, die Getränke sind kostenlos, doch die Betreiber haben nicht nur Freunde. Die Polizei ist machtlos oder tatenlos, die Gangster fahren kackfrech mit ihren Autos vor, die Nachbarn knipsen alles, aber man hört nie wieder etwas, wenn es nachts in der Fuzo zur Sache geht. Oder tagsüber.

»Wie doof ist das denn?«, sagt Kati vom XXXL-Laden. »Überfall am Monatsende, wenn nix in der Kasse liegt.« Zwei Männer waren da. Dunkel, sehr dunkel gekleidet, Mützen mit Sehschlitz, Machete, Pistole. »Geld raus!« Anastasia fiel fast in Ohnmacht, ihre Kollegin drückte den Notruf: »So, jetzt kommt die Polizei. Verschwindet!« »Das hat funktioniert«, sagt Anastasia, »die waren so schnell weg, wie sie gekommen sind.« Glück gehabt.

Wer schnell an Geld kommen will, spielt Lotto. Das ist legaler als ein Überfall, kostet allerdings viel Geld. Die Gewinne sind hoch, die Chancen gehen gegen null. Gespielt wird im Postladen. Links die Paketannahme und die Zeitungen, rechts Lotto und Zigaretten. Der kleinste Einsatz, eine Reihe ohne Super 6 und ohne Spiel 77, kostet eins fünfunddreißig, für mehr Reihen und Zusatzspiele werden schon mal fünfzig, zweihundertsechzig oder mehr Euro bezahlt. Wöchentlich. Die Leute kommen mit ihrem Lottozahlenmäppchen, lassen die alten Reihen prüfen, die Lottofrau sagt: »Leider nix, diese Woche sind vierzehn Millionen im Jackpot«, und die Spieler legen Unsummen auf die Theke. Wer denkt, Lotto spielen ist harmlos, liegt falsch: Der Einsatz ist weg, die Chance klitzeklein. Trotzdem. Es geht um viel Geld und um Systemscheine. Mittwochslotto, Samstagslotto, Freitagslotto. Selbst das Wechselgeld wechselt den Besitzer. Für Rubbellose. Gespielt werden darf ab achtzehn, aber die Spieler sind wie kleine Kinder.

Es ist die Hoffnung, die viele Nevigeser antreibt. Endlich raus aus dem Kaff, den Job kündigen, die Kinder in eine gute Schule schicken, ein neues Auto, ein Boot, ein Haus, jedoch so, dass kein Nevigeser etwas davon mitbekommt. Die Sorgen beginnen, bevor die richtigen Zahlen gezogen sind. Was ist mit der Steuer? Wer könnte mich anpumpen? Was sagen die Nachbarn, wenn der neue Wohnwagen vor der Tür steht? Und: Wie kann ich mein Geld anlegen, vermehren? »Gar nicht«, sagt ein Versicherungsvertreter beim Abendessen am Nachbartisch. »Du kannst froh sein, wenn die Inflation nicht alles auffrisst.« Das sind schlechte Aussichten. Dennoch kaufen die Leute Tabak und Plättchen zum Selberdrehen, weil sie sparen möchten, und spielen mit Summen, mit denen man eine Eigentumswohnung abstottern könnte. Irgendwann klappt es. Irgendwann kommt das große Glück. Aber was ist das, das Glück?

Die Leute vom Nevigeser Philotreff suchen seit fünfzehn Jahren nach Antworten. Sie treffen sich jeden zweiten Donnerstag am Kirchplatz und reden über Gott und die Welt. Es gibt warmes Wasser, Kaffee und Tee, manchmal Kuchen, nie Alkohol, einen Knochen für Ron – und unzählige Themen. Ron ist der Älteste, Regina die Jüngste. Die anderen: Anna, Kerstin, Veronika, Ute, Gerd, Karl, Norbert und Jürgen, sind deutlich über dreißig. Keiner wählt CDU (vermutlich), alle hören WDR 5, gucken Arte oder 3sat, achten auf ihre Ernährung, gehen ins Programmkino und nicht ins Cinemaxx, spenden regelmäßig (angeblich), hören Jazz oder das, was viele Leute in Neviges eher selten oder nie hören, gehen ins Theater und ins Museum, lesen Zeitung, kennen Baselitz und Polke, haben nie einen Groschenroman in der Hand gehabt, hingegen Hannah Arendt, Byung-Chul Han, David Foster Wallace, Stéphane Hessel und die bekannten alten Männer der Philosophie. Und *Die philosophische Hintertreppe* von Wilhelm Weischedel. Damit, mit der Hintertreppe, fing alles an.

Einer liest vor, die anderen lesen mit oder hören zu, und wenn ein paar Seiten gelesen sind, wird geredet. Erst redet Karl (Doktor der Philosophie), dann redet Gerd, dann kommen die anderen. Kerstin trinkt warmes Wasser, Veronika spricht englisch (mit dem Hund), Anna raucht (in diesem Kreis nicht üblich), Gerd spricht plötzlich über ein anderes Thema, Jürgen erklärt den Text im politischen Kontext, Norbert fummelt am iPhone, Ute denkt laut an ihre »Jugendlichen«, Karl kommt – Thema egal – auf sein Lieblingsgemüse (Tomaten), Regina mahnt: »Wir müssen handeln, bevor es zu spät ist«, und schon sind die Philos bei Umweltzerstörung und Ernährung. Da müssen die *Grundlagen des Positivismus*, Kants Imperativ und Epikurs Lustbegriff eben warten. Wenn alle durcheinander reden, klärt Kerstin: »Wo sind wir gelandet, Leute?«

»Das Glück« war ein schwieriges Thema. Hört sich einfach an, aber: »Es gab unterschiedliche Vorstellungen.« Anna, die sich sonst zurückhält, sagte den schönsten Satz: »Glück ist, wenn mein Amore mich vom Bus abholt.«

Wenn Hockney in Köln ausstellt, fahren die Philos gemeinsam hin, und wenn ein guter Film läuft, geht's ins Kino. Zu den *Böhms* nach Mettmann, zu *Hannah Arendt* nach Essen. Und wenn jemand Geburtstag hat, gibt's ein Geschenk.

Die Böhms wurden in Neviges nicht gezeigt. Der deutschlandweit beachtete Dokumentarfilm wurde einfach vergessen. Man hätte ihn im Dom vorführen können, in der Vorburg von Schloss Dauerbaustelle, im Pilgerhaus – irgendwo im Kaff. Man hätte auf der Velberter Webseite auf den Film hinweisen und werben können für die Stadt, für den Mariendom, für die Wallfahrt, die den Bach runtergeht, weil die Franziskaner pennen – für diese Weltarchitektur, die mehr Architekturpilger anzieht als jedes andere Bauwerk in Nordrhein-Westfalen, den Kölner Dom mal ausgenommen.

Der Nevigeser Mariendom ist das Werk eines einzigen Mannes. Kein riesiges Architekturbüro, kein CAD – ein Bleistift, ein Rapi, eine Rasierklinge, ein paar skizzenhafte Zeichnungen, ein Modell, ein guter Statiker, der nicht alles kaputt rechnete, und ein blinder, fast blinder Bauherr, der die eingereichten Modelle des Architekturwettbewerbs abtastete und sich für die Skulptur des später weltbekannten Architekten aussprach. Ob das wirklich so war, ist egal, Gottfried Böhm hatte das Vertrauen von Josef Kardinal Frings – und nutzte es. Der prämierte Entwurf war erst der Anfang. Die bis dahin fertigen Zeichnungen waren Anhaltspunkte, die großartigen Details wurden später entwickelt, und vieles wurde mehr oder weniger auf der Baustelle entschieden. Eigentlich sollte der Bau, so die Preisrichter, vereinfacht werden, Böhm machte das Gegenteil.

1966 begannen die Bauarbeiten unter Protesten der Nevigeser Einwohner. Böhm hatte den Dom nach oben auf den Berg gelegt. Noch näher an der evangelischen Pfarrkirche dran ging nicht. Ein Affront. Die Protestanten tobten, die Einwohner demonstrierten, Böhm baute. So etwas hatte das mehrheitlich evangelische Kaff noch nicht erlebt. Ein Betonberg, ein »Affenfelsen«, ein grobes Gebilde ohne Kirchturm – das sollte eine Kirche sein? Die Menschen waren außer sich. Böhm ahnte vermutlich, dass er in die Geschichte eingehen würde, und übertraf sich selbst.

Jedes Detail kam von ihm: jede Tür, jede Türklinke, jeder Stuhl, jeder Handlauf, jedes Fenster, jedes Holzbrett, jede Treppenstufe, jeder Stein im Mittelschiff und in den Nebenräumen, die Lichteinfälle, die Akustik – nichts scheint willkürlich oder dem Zufall überlassen. »Der Böhm«, sagt Rosita, »war jeden Tag hier, kontrollierte alles, und wenn ihm etwas nicht gefiel – weg damit. Da wurde schon einiges abgerissen.«

7500 Kubikmeter Beton wurden verbaut, über 500 Tonnen Stahl, und nach zwei Jahren (davon können Bauherren heute nur träumen) war der Berg fertig. Gewaltig: 50 Meter Länge, 27 Meter Breite, 34 Meter Höhe. Aus Beton. Beispiellos: das 2700 Quadratmeter große, vielfach gefaltete (inzwischen undichte) Dach, das auf den bis zweiundzwanzig Meter hohen Außenwänden liegt.

Wer durch die schwere Eisentür des Haupteingangs geht, betritt einen Vorraum mit einer beängstigend niedrigen Decke. An der Wand ein Frühstücksbrettchen (»Bitte leise«) und dann die Offenbarung: Ein Marktplatz mit Straßenlaternen und nicht endenden Wänden, die sich zum Himmel strecken, einem Himmel aus Beton, den man erst wahrnimmt, wenn man sich an die Dunkelheit gewöhnt hat, und dann denkt: »Mein Gott, ist das schön in Neviges.«

Wie kann man sich so etwas ausdenken – und bauen? Wie kommt man auf diese gut erdachten Stühle mit Kniebänkchen statt der üblichen Kirchenbänke? Auf den schlichten Altarblock? Auf die in den Wänden eingelassenen Lautsprecher und Handläufe? Auf die vielen Formen, die sich irgendwie zusammenfügen? Wie kriegt man die vielen Verwinklungen, die Verschiedenheit der Fenster, die zerklüftete, dreigeschossige Empore, die höhlenartige Intimität der Marienkapelle, die fröhliche Sakramentskapelle mit dem Rosenfenster unter ein Dach? Wie schafft man einen Dom, der kein Abklatsch der bekannten, großartigen Kirchenbauwerke ist, sondern besser?

Viele Jahre später: Der Dom ist undicht. Im Altarraum eine Blumenpottorgie, auf der Fassade eine aufgepinselte Rose, daneben ein verrostetes Ungetüm für Kerzen – und seit Jahren ein peinliches Gerangel ums Geld. Die Sanierung des Daches, kein großes Ding für ein weltberühmtes, einzigartiges Bauwerk, kostet ein paar Millionen, aber was ist das schon? »Die in Köln«, sagt jemand, »sollten sich was schämen, uns mit dem Dachschaden alleine zu lassen. Milliarden auf dem Konto und keinen Deut besser als die Bettler im Velberter Rathaus, die auch nur jeden Topf anpumpen können, weil sie sonst nix auf die Kette kriegen.«

Im Film *Die Böhms* war der Dom ungewöhnlich aufgeräumt. Der Meister, so munkelt man, war da, hat alles wegschaffen lassen, was sich angesammelt hatte. Die Blumenpötte, die Vasen, jedes schief liegende Gebetbuch, jeden Kerzenständer und jeden Pilger, der nicht ins Bild passte. Und die wenigen Nevigeser, die den Film gesehen haben, wunderten sich. »Geht doch!«

Gottfried Böhm, der große, inzwischen sechsundneunzig Jahre alte Mann, kam regelmäßig mit seinem Jaguar vorgefahren und guckte sich jede Veränderung an seinem Dom an, verhinderte aber weder die Rose auf der Fassade noch die »Kerzenkapelle« seines Sohnes Markus, der sich etwas austoben durfte, allerdings keine glückliche Hand hatte. Auch die Frühstücksbrettchen mit dem albernen Piktogramm ließ er durchgehen. Altersmilde? Oder keine Lust mehr, sich über jeden Blödsinn aufzuregen?

Die evangelische Baustelle auf dem Kirchplatz in der Altstadt beginnt jeden Montag um sieben Uhr mit einer rund 96 Dezibel lauten Dauerberieselung, die jeden Lagerhäftling zum Sprechen bringen würde. Die Anwohner, sofern noch nicht in der Klapsmühle, verständigen sich mit Zeichensprache, streifen ihre Staubmasken über, stecken Brötchenteig oder Knetmasse oder Moltofill in die Ohren, ziehen die Bettdecken über den Kopf und warten auf ein Wunder oder auf Stromausfall. Oder hauen ab in den Stadtpark, wo die städtischen Laubbläser für etwas Abwechslung (92 Dezibel) sorgen. Die Maschinen aus dem vorletzten Jahrhundert und die

Löcher bohrenden, Lehm rüttelnden, Granit schneidenden und sich anbrüllenden Arbeiter machen ihnen den Wochenanfang, den Dienstag, den Mittwoch, den Donnerstag und den Freitag und gelegentlich sogar den Samstag zur Hölle. Ein Ende ist nicht in Sicht, weil immer dann, wenn alles fertig scheint, der Wahnsinn aufs Neue beginnt.

Die Kirche aus dem 13. Jahrhundert steht etwas wackelig auf einem Friedhof. Kein ordentliches Fundament, etwas Sand, ein paar Felsen zwischen den Knochen – und Gottvertrauen. Kein Wunder, dass irgendwann nachgebessert werden musste. »Aber«, wundert sich Hähnchenfrau Anna, »warum dauert das alles so lange?« Sie sagt das mit Ekel im Gesicht, das sie immer verzieht, wenn sie von der Baustelle spricht. Dabei fing alles so vielversprechend an.

2013 wurde eingerüstet. Über Nacht standen die Bauarbeiter vor den Schlafzimmerfenstern der Anwohner. Anna wollte Vorhänge nähen, ihr Freund malte ein Schild: »Reingucken verboten«, klebte das Schlafzimmerfenster und das Badezimmerfenster mit Pappe zu: vorübergehend. Die Bauarbeiter bohrten, kloppten, sägten und mauerten wie die Verrückten, und die Anwohner waren begeistert: »Endlich zieht mal jemand was durch im Kaff.« Ein Jahr später kam die Ernüchterung.

Bei einem »Rundgang« Mitte 2014 bemerkten die Architekten, dass die Fensterverankerungen marode waren. »Es wurde festgestellt«, schrieb die *WAZ*, »dass die Windeisen nicht tief genug im Sandstein liegen.« Kann so etwas ein spezialisiertes Architekturbüro übersehen? Hatte die örtliche Bauleitung gepennt? Oder war das das übliche Verfahren? Erst mal anfangen und dann nachlangen? »Mit der aufwendigen Bearbeitung der Steine«, so die *WAZ*, »ist man jedenfalls fertig.« Das war gelogen, weil ein Jahr später immer noch Steine geliefert, gekloppt und geschnitten wurden. Die Baukosten, bisher rund eine Million, »schnellten um weitere 225000 Euro in die Höhe«, die Gemeinde überlegte, weitere Bundesmittel zu beantragen, und irgendwann stand in der Zeitung: »Die Kirchengemeinde Neviges bietet fast ihre gesamten Immobilien zum Kauf an.« Das habe natürlich nix mit den Baukosten der Stadtkirche zu tun, beteuerten die Verkäufer, und Anna sagte: »Wollen die uns verarschen?«

Ute vom Philoclub feiert Geburtstag. Bombenwetter (wegen Juli), die Arbeiter hinter den weißen Lappen sind weg (wegen Wochenende), die Rüttelmaschine, das Lehmmischgerät und das andere Teufelszeug sind verschwunden. Kann losgehen mit dem Straßenfest.

Die Biergartengarnitur steht vor dem silbernen 3er vom Nachbarn, der Kohlegrill vor der blauen Schalke-Karre vom anderen Nachbarn, die Bierkästen vor dem Nachbarhaus, das gerade verkauft werden soll (75000 Euro). Zwei Tische noch, ein paar Stühle, keine Musik, die will Ute den Nachbarn nicht zumuten, ein Elektrogrill, nicht zwei wie im letzten Jahr, weil im letzten Jahr die Sicherungen rausgeflogen sind. Würstchen und Koteletts vom Biometzger, Grünzeug und Ciabatta von Mesut, Fritz-Kola, Biolimo, Nestlé-freies Wasser vom Getränkemann neben der Muckibude, eine Thermoskanne mit warmem Wasser für die Philos, Wein und Schnaps und Kaffee, kein Aschenbecher (so was braucht kaum jemand), ein Schälchen mit Wasser für die Hunde, ein gelber Sack, ein blauer Sack – den Rest bringen die Gäste mit, weil Ute keine Geschenke will, sondern Futter.

Ute (»aktuelle Morgenroutine: Aufstehen, Morgentoilette, Frühstück zubereiten, Blut kochen für die Abendvorstellung, Programmzettel drucken«), um die vierzig, macht Kindertheater. Sie denkt, schreibt, inszeniert, sie ist Mädchen für alles: Kostüme, Licht, Bühnenbild, Casting, Pressearbeit, Werbung, Proben, Termine – und für die Kinder, die ihre Stücke nicht nur spielen, sondern mit entwickeln dürfen. Die Regisseurin kennt Gott und die Welt, ist gut vernetzt, und wer jetzt glaubt, zum Geburtstag kommen bloß Theaterleute, liegt falsch. Es gibt keine Theaterleute im Kaff.

Karl, Philosoph, steuert eine kalte Platte bei, Manu, Fachkraft für medizinische Kodierung, hat Kartoffelsalat gemacht und Kerstin, Mediatorin, einen Kuchen gebacken. Geli und Heinz bringen Stühle, Gläser, Kaffee und Kekse mit, Norbert, Rentner, hat einen Kuchen backen lassen. Ingo, Soldat, kommt mit einem Kasten Bier, Engin, Personalchef, mit kurzer Hose und dem lässig hochgeschlagenen Kragen wie im letzten Jahr. Kati, Tiermedizinerin, bringt Kind und Hund mit, Regina, Krankenschwester, hat Nudelsalat im Körbchen, Dini, die Jüngste, erscheint im selbst genähten Kleid, und Pia, Bratschenlehrerin, hat Thomas, Jakob und Arvit dabei. Jürgen, Techniker, trinkt Bier, Gerd, Sozialarbeiter, trinkt Rotwein, Kerstin trinkt warmes Wasser, Ute probiert den Pflaumenwein von Frau Rentmeister. Andrea aus Dortmund, die fünf Berufe hat, kommt später, Veronika kommt gar nicht (wegen der Liebe) und Anna, Fotografin, ebenfalls nicht (Hochzeit knipsen). Frau Dywicki, die gerade aus der Reha entlassen wurde und schlecht auf den Beinen ist, guckt sich alles vom Fenster aus an.

Es geht um Flüchtlinge, Jobs, Kindererziehung, Ausschreibungen (auch der Brunnen wird diskutiert), und Paul, Ministerialdirektor im Ministerium für irgendwas, meint: »Was ihr so erzählt von eurem Oberhaupt – wie heißt der noch mal? –, wäre was für den Rechnungshof.« Das Haus hinter dem Bierkasten wäre nix für Karl. Kein Garten und überhaupt: »Das kostet Unsummen.« 20 000 für die Fenster, noch mal so viel für die Böden. Was ist mit der Heizung? Den elektrischen Leitungen? Darf man hier parken? »Da«, darüber sind sich alle einig, »müsste man richtig was reinstecken.«

Die Männer grillen, die Veganerinnen tuscheln: »Tierquäler.« Der Kartoffelsalat mit selbst gemachter Mayo und klitzeklein geschnittenen Zwiebeln von Manu schmeckt wie früher bei Oma, der Kuchen von Norbert fließt über die Tischkante in Richtung Hund (zu warm). Bora, Rapper und Theaterpädagoge, erinnert an sein Konzert im Oktober, und irgendwann stellt jemand fest, dass die Anwesenden keine Schuld haben, wenn in Velbert die Einwohnerzahl, wie von der Bertelsmann-Stiftung prognostiziert, schrumpft. Am Tisch sitzen, wenn sie sitzen, sieben Kinder. Das ist nicht übel für eine Party.

Die Nachricht über die Schrumpfung hat die Velberter Obrigkeit, die gerade einen Busbahnhof für rund fünf Millionen verantwortet, etwas verärgert. In der *WAZ* werden die zugrundeliegenden Zahlen angezweifelt, und damit kein Leser auf dumme Gedanken kommt, heißt die Überschrift nicht »Velbert schrumpft«, sondern »Stadt Velbert widerspricht Bertelsmann-Prognose«.

»Schön hier«, sagt Gerd und zeigt auf das Gerüst der evangelischen Kirche. »Ja, alles wie im letzten Jahr«, antwortet Ute, »und wie im nächsten und übernächsten, wenn das so weitergeht.« Und der Soldat sagt: »Könnte man sprengen.« Gute Idee, denken einige, sagen aber: »Ist das nicht verboten?« Darauf der Soldat: »Habt ihr euch schon mal gewundert, warum das Polizistenhaus drüben kein Dach hat?« Nee, hat noch niemand. »Die Sache war die«, sagt der Soldat, »hier in Neviges ist im Krieg nur ein einziges Haus weggebombt worden. Die Flakhelfer hatten nix zu tun. Die standen den ganzen Tag bloß dumm rum und warteten und warteten, und als der Krieg vorbei war, da haben sie vor lauter Freude voll besoffen das Dach weggeknallt. Seitdem: Flachdach!«

Wie im letzten Jahr...

Geburtstagsfeier auf dem Kirchplatz

22

Im Juli 2015 gab Frank Appel dem Magazin *Focus* ein Interview. Herr Appel ist Chef der Deutschen Post, sein Vorgänger, Herr Zumwinkel, wurde wegen Steuerhinterziehung zu einer zweijährigen Haftstrafe verurteilt, die zur Bewährung ausgesetzt wurde. Das Abschiedsgeld der Post betrug zwanzig Millionen Euro.

Wochenlang hatten die Briefzusteller und die Paketzusteller für bessere Arbeitsbedingungen gestreikt. Es ging nicht allein um höhere Löhne, wie viele genervte Kunden vermuteten, sondern um ein gerechtes Miteinander, um Auslagerung von Postmitarbeitern in Billiglohnfirmen und um Arbeitsplatzgarantien. Nach vier Wochen einigte sich die Post mit der Gewerkschaft.

Herr Appel verwies im Verlauf des Interviews auf die guten Arbeitsbedingungen der Paketzusteller in den posteigenen Tochtergesellschaften, und als der Interviewer anmerkte, dass die betroffenen Mitarbeiter, die für die gleiche Arbeit zwanzig Prozent weniger Gehalt bekommen, das anders sähen, sagte Herr Appel: »Da täuschen Sie sich. Ich habe mit einigen Kollegen gesprochen, die jetzt unbefristet bei uns beschäftigt sind. Sie sagen zum Beispiel, dass sie dank ihrer Festanstellung jetzt einen Kredit bei ihrer Bank aufnehmen können, weil die Post ein verlässlicher Arbeitgeber ist.«

In Neviges kam nix mehr an. Kein Brief von der GEZ, kein Paket von Manufactum oder Amazon, keine Zeitschriften, auch kein *Spiegel*, und nicht wenige Einwohner freuten sich über die willkommene Verschnaufpause. Keine Post vom Arbeitsamt, von der Arge, vom Gerichtsvollzieher, keine Rechnungen, keine Mahnungen, keine Bußgeldbescheide, keine blauen Briefe vom Finanzamt und anderen Behörden. Endlich mal. War gut für die einen, aber nicht gut für die anderen, die noch länger als sonst auf ihr Geld warten mussten. Die Geschäftsleute wussten sich zu helfen, weil sie längst ihre Post per E-Mail versenden, die Behörden, allen voran die Arge und andere E-Mail-Verweigerer, hatten die Arschkarte gezogen.

Der nette Paketmann von DHL kommt seit einiger Zeit nicht mehr. Er ist spurlos verschwunden. Einfach weg. Wo er steckt, weiß niemand zu sagen. »Kann sein, dass er krank ist oder gekündigt hat – oder in einem anderen Bezirk arbeitet«, sagt der Briefzusteller. »Wir können, so ist das eben bei der Post, jederzeit versetzt werden. Dann ist die Erfahrung, die wir in einem Bezirk gesammelt haben, für die Katz.« Er ist froh, nicht betroffen zu sein, und will kündigen, wenn es irgendwann mal so weit ist.

Aber wohin? In Neviges und Umgebung gibt's kaum Jobs, von denen man leben kann. Wer einen hat, arbeitet noch schneller, wird nie krank, muss einiges wegstecken, und wenn doch passiert, was immer passieren kann: schlechtere, noch schlechtere Bedingungen. Oder Arbeitsamt. Bewerbungstraining, Arge. »Das geht schneller, als man sich vorstellen kann«, sagt Nikko, der sich gerade bei der Müllabfuhr beworben hat. »Die haben mir sofort gesagt, nach einem Jahr, spätestens nach zwei Jahren ist Schicht. Dann kommt ein anderer, und du bist raus.«

Im sozialen Bereich, in Kindergärten, sozialpsychiatrischen Zentren, in der Pflege, in Krankenhäusern, Altersheimen und in Bildungseinrichtungen werden seit Jahren keine unbefristeten Stellen mehr angeboten. Die Inklusionsbranche vergibt wöchentlich ihre Aufträge und verdient doppelt. An der Schulung der Mitarbeiter und am Verleihen der Mitarbeiter. »Am liebsten sind uns die Honorarkräfte«, sagt der Chef einer sozialen Einrichtung, die längst zu einer asozialen Einrichtung verkommen ist. »Keine Lohnfortzahlung bei Krankheit, kein Urlaubsanspruch, keine Supervision, den ganzen Firlefanz, der nur Geld kostet, dafür kalkulierbare Kosten. Und die Leute strengen sich wahnsinnig an. Da meckert so schnell keiner.«

Die aktuellen Stellenanzeigen stehen samstags im Stadtanzeiger: Pflasterer, Vertriebsmitarbeiter, Möbelverkäufer, Sicherheitsmitarbeiter, Reisende, Mediaberater, Kraftfahrer, Lagerfachkräfte, Arzthelferinnen, Haustechniker, Mitarbeiter im Dialogmarketing und Politessen (Überwacher des ruhenden Verkehrs in Teilzeit).

Das hört sich seriöser an als »Einarbeitung zum Dialogprofi auf den Kanarischen Inseln«, ist es auch. Vielleicht. Aber der Job der Stadt Velbert ist auf zwei Jahre befristet, die wöchentliche Arbeitszeit beträgt gerade mal neunzehneinhalb Stunden, die Vergütung erfolgt nach E 5 TVöD. Erwartet werden Grundkenntnisse in der Anwendung von Officeprodukten, der Besitz einer Fahrerlaubnis zum Führen von Personenkraftfahrzeugen und wenn möglich die Bereitschaft, einen privaten PKW gegen Fahrtkostenerstattung zur Erreichung der Einsatzorte einzusetzen, sowie einen Internetanschluss, denn ohne Internetanschluss kann man sich nicht einmal bewerben. Bewerbungen per Post werden nicht berücksichtigt.

Wer einen hat und das E-5-TVöD-Gehalt googelt und die monatlichen Kosten eines Autos abzieht, die Miete, den Internetanschluss und so weiter, der merkt schnell, da bleibt nicht viel übrig. Ein zweiter Job muss her, und genau das geht nicht. Die Stadt erwartet »die Bereitschaft, wechselschichtige Dienste von montags bis samstags durchzuführen und an Sondereinsätzen teilzunehmen, die auch nachts oder sonn- und feiertags stattfinden können«. Wie soll man das einem zweiten Arbeitgeber erklären?

Schade. Ein Job an der frischen Luft, etwas Nervenkitzel, man lernt viele Leute kennen, ab und zu ein Gerichtstermin, schicke Uniform, null Ansehen in der Bevölkerung wie die Politiker (die bestens damit klarkommen), aber leider ein mieses Gehalt.

»Das Einkommen ist nicht so wichtig, wichtig ist, sein Leben zu leben, Erfüllung im Beruf zu finden«, steht in den Ratgebern, die man im Buchladen kaufen kann. Die Frage ist: Wovon? Wovon soll eine Halbtagskraft, die ständig motiviert werden muss, die vielen Bücher, die sie braucht, bezahlen?

St. Georgen im Schwarzwald hat rund 13 000 Einwoh-

Wenig Ansehen bei den Einwohnern

dito

165

ner. Hübscher Ort, schöne Lage, ein großer Arbeitgeber, bei dem das halbe Kaff beschäftigt war. Früher. Die Firma Dual zog Arbeitskräfte aus ganz Deutschland an. Der Werbeleiter bekam ein günstiges Grundstück, baute ein Haus, und als die Plattenspielerfirma pleiteging, war sein Haus nix mehr wert.

In Wülfrath war jeder Dritte bei den Kalksteinwerken oder bei Ford. Viele Nevigeser arbeiteten bei Erbslöh und Mauell, bei Yale und Stanley in Velbert, bei Grothe und Hartmann in Heiligenhaus – wer heute jedoch bei diesen Firmen einen Job haben will, wundert sich. Große Namen von früher sind heutzutage keine Garantien für langfristige Beschäftigung. Die gibt es nicht mehr.

Der Arbeitsmarkt ändert sich. Wer einen guten Job haben will, braucht eine erstklassige Ausbildung, das richtige Elternhaus, den richtigen Vornamen, Vitamin B und Glück, zudem vielleicht das richtige Parteibuch, eine gehörige Portion Demut, keine Skrupel – auch keine Scheu vor Speichellecken. Und trotzdem: Wer nicht funktioniert, ist schnell weg.

Die Herren in den großen Firmen sind nicht abhängig von ihren Angestellten, sondern von ihren CEOs, Geldgebern und Aktionären – und die wollen Geld. Also tritt jeder nach unten und rettet seinen Arsch. Werkswohnungen für Mitarbeiter, dreizehntes oder vierzehntes Gehalt, Betriebsausflüge zum Drachenfels, früher in Neviges durchaus üblich, gibt's nicht mehr. Ein 911er kostet geleast so viel wie ein Pförtner. Also weg mit dem Mann.

Wer kann, macht sich selbstständig. Das ist mühsam, seit es Internet gibt, aber warum nicht genau dort, im Netz? Das geht in einem Kaff nicht schlechter als in der Großstadt, vielleicht sogar besser. Im Kaff gibt es billige und willige Arbeitskräfte, und wer die richtige Idee hat, kann es zu was bringen.

»Wenn ich groß bin«, sagt ein Junge seiner Oma im Café von Monsieur M., »werde ich Fachkraft für Systemgastronomie, baue eine Kette auf und sitze dann vor meinem Computer und zähle die Einnahmen meiner Standorte.« Das klingt nicht schlecht für ein kleines Kind. Vor drei Jahrzehnten wäre er lieber Busfahrer oder Pilot, vor fünf Jahrzehnten Lokomotivführer geworden. Und vor fünfhundert Jahren Ritter.

Andrea und Lutz sind Ritter. Er arbeitet von montags bis freitags als Konstrukteur für Fahrzeugteile, sie im Büro. Ihren Job hat sie via Facebook gefunden. »Suche Job im Büro – bitte teilen!« Ihre Ritterboutique (Tretet ein, kauft Bier und Wein) heißt »Highland Gewandkammer« und liegt neben Mesuts Gemüseladen.

Es gibt Gewänder, die sie näht, Sandalen, Hüte aus Filz, Dudelausrüstungen, Wein und was man sonst so braucht, wenn man am Wochenende ins Mittelalter abtaucht. Von montags bis freitags im Büro mit Anzug und Krawatte und samstags und sonntags Kettenhemd.

Der kleine Laden ist ihre Burg. Andrea und Lutz veranstalten mit Ute, die für die SPD im Stadtrat sitzt (hat nix zu tun mit der Ute vom Kirchplatz), den Nevigeser Mittelaltermarkt. Einen im Sommer, einen im Winter, der heißt dann: Weihnachtlicher Mittelaltermarkt, ist auch schön, aber am schönsten ist der im Sommer vor Schloss Dauerbaustelle,

»Schönheiten aus weiter Ferne zeigen reizvollen Tanz«

Merkwürdig sprechende und gekleidete Menschen

weil die Mädels und Jungs endlich zeigen, was sie draufhaben. Die Mädels in der Wanne und vor der Harfe, die Jungs auf dem Schlachtfeld.

Die Badewannen-Live-Show ist die Attraktion auf dem Markt, da können die Männer sich noch so schön verprügeln und so tun, als würden sie sich abstechen oder einen Arm abhacken. Schönheit und Anmut kommen einfach besser an. »Das hat sich«, sagt Andrea, »in all den Jahrhunderten nicht verändert.«

Bevor es so weit ist, sitzen die drei wochenlang mit ihrem Computer im Café von Monsieur M., brüten laut diskutierend und noch lauter lachend das neue Programm aus, entwerfen Plakate mit gebrochenen Schriften, laden die Aussteller ein, organisieren den Zaun, der die Ritterwelt vom Rest des Kaffs (und von Uwes Minigolfplatz) abschirmt, buchen Künstler und Personal, Sanitäranlagen und den Wachdienst, informieren die Presse, die Feuerwehr, das Rote Kreuz, posten ununterbrochen auf Facebook, und wenn alles erledigt ist, muss nur noch das Wetter mitspielen.

Eine Kasse am Haupteingang, eine andere vor der Vorburg, Kinder zahlen nix, Erwachsene sechs Euro, »Gewandete« etwas weniger. Die Leute stehen Schlange, werden freundlich empfangen (»Seyd gegrüßt«), kriegen einen Stempel aufgedrückt, und am ersten Stand, den man sieht, sitzen Andrea und Lutz und das ganze Team der »Marktgilde zu Hardenberg« beisammen, freuen sich auf die vielen Besucher und die Taler, die sie dalassen werden. Das Leben im Mittelalter ist nicht billig. Gegenüber steht Ute mit ihren Kräutern im Kleid aus Filz, und etwas weiter entfernt hämmert »Protz-Wicki« mit nacktem Oberkörper und rundum tätowiert auf seinem Amboss. Protz-Wicki ist jedes Jahr dabei wie die meisten Aussteller, kommt aus Köln, wohnt im Zelt neben dem Schloss, weil im Schloss bekanntlich niemand mehr wohnen kann, und verkauft Schwerter. Vor dem Schloss ein Gaukler mit Seifenblasen, neben dem Seifenblasengaukler der Mann mit den Falken, irgendwo die Bogenschützen, die Händler mit dem klebrigen Wein, der Feuerschlucker, die Märchenerzählerin, der Korbmacher, die Brettchenbortweberinnen und weiter hinten am Teich das Lagerleben: So, oder so ähnlich, muss es im Mittelalter gewesen sein. Zelt mit Perserteppich, kein O_2-Empfang (immer noch nicht), Schwenkgrill von Obi, Dudelmusik, Bettdecke mit Füllfasern, Harfengeklimper, Wäscheleine mit Tangas, Lagerfeuer mit Feuerlöscher und gut gelaunte Leute, die es etwas einfacher haben als ihre Vorfahren. Schließlich ist Sommer.

In der Vorburg eine Badewanne mit Pilleenten aus Plastik, etwas Seifenlauge – nicht zu viel, sonst sieht man nix, wenn jemand drinsitzt –, lauwarmem Wasser und ab und zu ein paar Mutigen, die sich gemeinsam reintrauen. Im Mittelalter, das hat man irgendwo gelesen, war das wohl so mit dem gemeinsamen Spaß in der Wanne. Was viele sehen möchten, zeigt »Lilalu«. Die steht, riesiges Dekolleté, hinter der Theke, beugt sich gern etwas vor, wenn die Männer kommen. Die Männer graben ihr Handy aus der Tasche. »Darf ich?« Sie dürfen. Lilalu beugt sich noch weiter, viel weiter vor, es macht klick, klick, klick, bis die Frauen die Männer an die Hand nehmen. Ab zu den Spanferkeln.

»Lilalu selbst«, sagt Lutz, »badet nie. Sie ist Geschäftsfrau. Hätte sie eine Kneipe, könnte sie auch nicht den ganzen Tag trinken.« Im nächsten Jahr, das steht im Internet, kommen »Schönheiten aus weiter Ferne und zeigen reizvollen Tanz«.

Im nächsten Jahr, das steht seit Jahren in den Zeitungen, wird ein neuer Brunnen eingeweiht. Man weiß nicht, wann, aber der alte Brunnen kommt weg. Zwar gefällt er den Nevigeser Einwohnern, aber nicht der Obrigkeit, die unbedingt einen neuen Brunnen haben will. Vermutlich, munkelt man, verdient sich jemand eine goldene Nase damit. Das kann sein, kann allerdings genauso gut das übliche Gerede sein. Die Einwohner, kein Wunder, trauen den Herren im Rathaus schon lange nicht mehr über den Weg. »Was die machen, ist Mist«, sagen viele, »die denken doch nur an ihr Portemonnaie.«

»Ich weiß gar nicht, was ihr Nevigeser wollt«, sagte der SPD-Kandidat vor der Bürgermeisterwahl. »Wir spendieren euch einen neuen Brunnen, und ihr seid immer noch nicht zufrieden.« Der Kandidat, gelernter Sozialarbeiter, ist jetzt unter seinem Gegner von der CDU, der die Wahl gewonnen hat, Chef. Fachbereichsleiter für Bildung, Kultur und Sport und damit Chef von hundertachtzig Leuten geworden, was angeblich schon vor der Wahl feststand. Und weil der Neue lernen muss, was hundertachtzig Leute von einem Chef erwarten, der keine Cheferfahrung hat, lernt der bisherige Chef den neuen Chef an. Das dauert fünf Monate und kostet die Stadt zwei Gehälter und reichlich Kritik. Die Stadt ist schließlich pleite. Gab es wirklich keine andere Frau, keinen anderen Mann für diesen Job? Bei siebzig Bewerbern?

Die Diskussion um den »unüblichen und viel diskutierten Schritt« (Stadtanzeiger) »muss man aushalten«, sagt der Bürgermeister. Und der Neue, der mal Bürgermeister werden wollte, um alles besser zu machen, ist plötzlich brav und zahnlos und politisch am Ende, weil sich die Wähler betrogen fühlen. »Es geht«, hört man aus seinem neuen Amt, »doch nur um Pöstchenschieberei«, wie früher schon unter dem Ex-Bürgermeister, der deutschlandweit bekannt wurde. Nicht weil er jetzt Chef der Stadtwerke und Chef einer städtischen Firma ist und eine Menge Geld verdient – das interessiert eh bloß die Neider und Beneider und den WDR, der über den Wechsel vom Rathaus in die freie Wirtschaft berichtete –, sondern weil sein Chauffeur keinen Führerschein hatte. Acht Jahre lang kutschierte der Mann den Bürgermeister der Stadt Velbert von Termin zu Termin, bis alles rauskam. Wie allgemein üblich, werden auch in Velbert die Führerscheine aller städtischen Fahrer regelmäßig überprüft. Führerscheinprüfer war: der Chauffeur.

Der alte Brunnen im Zentrum des Kaffs ist prima. Sieht scheiße aus, ist undicht, ist aber neben dem Dom das Wahrzeichen der Stadt.

Kennt jedes Kind, liebt jedes Kind und ist im Sommer der beste Platz, wenn man die Kleinen im Auge behalten will. Die planschen und spritzen mit dem Wasser, haben viel Spaß, die Mütter sitzen am Brunnenrand oder im Café nebenan, und fällt ein Kind aus Versehen in den Brunnen, was oft passiert, kein Problem: Trockene und dazu billige Klamotten gibt's ein paar Schritte entfernt bei Trag-Bar, ein Handtuch bei Ayse im Café und ein Pflaster fürs Knie beim Apotheker nebenan, der seine Mülltonne, das ist wirklich

lieb, bei schönem Wetter direkt vor den Brunnen stellt. So lernen die Kinder ganz nebenbei, was den Großen im Kaff wichtig ist: Ordnung und Sauberkeit.

Der neue Brunnen ist das Ergebnis einer siebenjährigen Planung, die allerlei Scheußlichkeiten hervorbrachte, bis jemand auf die Idee kam, den neuen Brunnen im Internet zu suchen. Man musste nur zusammenfügen, was man in Radevormwald, Göttingen, Düsseldorf und ein paar anderen Städten findet: ein paar Platten auf dem Boden, ein paar Löcher, aus denen Wasser spritzt, ein paar LEDs (sehr modern), etwas Grün an einer Hausfassade (gerade angesagt), ein paar Sitzschalen auf Betonsockeln (noch angesagter), und damit das Gestrüpp an der Fassade zu sehen ist, wird der Baum, der blöderweise einen guten Teil der Fassade abdeckt, abgesäbelt. Und die alten Gusslaternen gleich mit.

Ist doch gut, hört man, wenn die Stadt auf bewährte Sachen zurückgreift. Stimmt. Man hätte sich den Nevigeser Brunnen im vierzig Kilometer entfernten Städtchen Radevormwald aus der Nähe ansehen können. Dort wurde er nach drei Tagen abgeschaltet und nie wieder in Betrieb genommen. Unfallgefahr, Fehlplanung, großer Mist.

Der Brunnen, den niemand haben will, kostet 250 000 Euro. Viel Geld, wenn man keins hat – zu viel Geld, wenn man an jeder Ecke Probleme hat. Oder welche macht. Zum Beispiel den Händlern und den Gastronomen, die eine achtmonatige Bauzeit kaum ohne Blessuren überstehen. Acht Monate Bagger, Presslufthammer, Steinekloppen, Dreck, Umsatzrückgang.

Lucas, vier Jahre alt, hat mehr Fantasie als die Planer der Stadt, wenn es um die Erhaltung des Brunnens und um die Verschönerung des Platzes geht. Die grüne Wand findet er prima, weil er dann »immer da hochklettern kann«, jedoch bloß, wenn die Bäume bleiben dürfen. Schon wegen der Schaukel, die man dranhängen könnte, und weil die Kindergärtnerin gesagt hat, »Bäume und Blumen darf man nicht kaputt machen«.

Den Rest der Planung findet das kluge Kind scheiße. »Das sagt man nicht«, sagt die Mama, und Lucas – »entschuldige bitte« –, wünscht sich Folgendes: »Papa lässt ganz viel Wasser ein, Mama malt Vögel und Krokodile und Seelöwen auf den Brunnen, Opa bringt ganz viel Sand mit seinem Lastwagen, es gibt Eimerchen und Schaufeln für alle Kinder und überall Sandburgen, ein großes Indianerzelt, eine Schatztruhe mit Geld für Eis, eine Hängematte für mich und meine Freundin Frieda, ein Kasperltheater, eine Torwand, eine

174

Wippe, eine Wasserrutsche und ein Schild ›Für Große verboten‹«.

Kann er schreiben? Bisher nicht. Malen schon. »So ein Schild«, sagt der Papa, »kriegt mein Sohnemann bestimmt hin.« Noch was? »Ja«, sagt Lucas, »wir wollen mit den Kindern aus Afrika spielen, dürfen aber nicht.«

Die Kinder aus Afrika leben in einer Turnhalle. Dreißig Kinder und hundertzwanzig Erwachsene aus verschiedenen Ländern in einem Raum. Die Anreise war mühsam, sehr mühsam und jetzt das: ein Bett, ein Stuhl, ein paar Dixiklos draußen, keine Trennwände, keine Rückzugsmöglichkeit, viele Sprachen und Mentalitäten – und vielleicht wenig Zukunft. Doch sehr viel Hilfe. Die Nevigeser helfen mehr, als das Rathaus für möglich gehalten hätte. Sie spenden Kleidung, Hygieneartikel, Spielzeug, Babynahrung, Windeln, sie organisieren Deutschkurse, Fahrdienste zu Dolmetschern, zur Moschee, kommen mit dem »Spielbus«, spielen mit den Kindern, helfen den Müttern. »Ich bräuchte mal jemanden«, schreibt Jennifer bei Facebook, »der vier Seiten Infotext auf Englisch oder Arabisch oder Französisch oder Chinesisch oder Mazedonisch oder Albanisch oder Farsi übersetzt. Kann das jemand?« Und Karola, vom S.O.S.-Team, das die Kleidersammlung mit vielen Freiwilligen stemmt: »Ihr seid großartig! Aber wir können nicht mehr. Auch nichts mehr annehmen.« Drei Tonnen Kleidung müssen sortiert, gewaschen und gebügelt werden…

Als die Obrigkeit den Aufenthalt der Flüchtlinge in der Turnhalle um zwei Monate verlängerte, veröffentlichte der Bürgermeister eine Pressemitteilung. Er dankte »al-

len Mitarbeitern der Verwaltung, des DRK und des Vereins
S.O.S.-Team sowie allen Bürgern, die mit ihren großzügigen
Spenden, ihrer Zeit und ihren helfenden Händen die Will-
kommenskultur in Velbert mitgestalten. Ich bin beeindruckt
von der Leistung der Helfer und der Hilfsbereitschaft der
Velberter Bürger. Dies zeigt, wie weltoffen, tolerant und
gastfreundlich unsere Stadt ist und dass wir den Flüchtlin-
gen Schutz und Hoffnung bieten.«

Wunderbare Worte. Helfende Hände. Willkommensstruk-
tur. Schutz. Hoffnung. Mitgestaltung. »Der hat sie nicht
mehr alle«, sagt jemand, »wollte der Mann nicht vor wenigen Monaten das stillgelegte Krankenhaus abreißen lassen,
damit keine Flüchtlinge reinkommen?«

Lothar, 59, war Neandertaler. Sein Moritz ist dreizehn,
frisst Leber im Restaurant »Mykonos«, nicht gewürzt, und
Katzenfutter wegen Taurin, das angeblich für Hunde gesund
ist. Irgendwann, das muss so vor dreißig Jahren gewesen
sein, kam er ins Kaff. Er fuhr mit dem Bus die Wilhelmstraße
herunter und dachte beim Anblick der Hügel an Amerika.
»Ich kannte diese Hügel von San Francisco und dachte, hier
bleibe ich.« Lothar war kein Neandertaler wie die, die man
aus Büchern oder vom Fernsehen kennt, sondern ein richtiger. Hausgeburt im Jägerhaus neben der Hubertuskapelle.

Jetzt ist Lothar Nevigeser. Er trägt weiße Klamotten
und hat nach eigenen Angaben jedes zweite Haus in Neviges angestrichen. Eine Jeans hat er auch, aber noch nie hat
man ihn damit gesehen. Lothar ist Malermeister und zieht
sich von montags bis sonntags weiß an. Auf der Baustelle,
im Restaurant, beim Einkaufen im Supermarkt und in der

Kneipe, beim Spaziergang mit dem Hund, überall und immer. Als er vierzig wurde, dachte er, jetzt oder nie, ging zur Malermeisterschule nach Düsseldorf und malte weiter. Das Haus vom Herrn Heringhaus, das Wohnzimmer von Beate, das Kinderzimmer der Frau mit der weißen Bluse, das Kloster der Franziskaner, die alte katholische Pfarrkirche, die er irgendwann anpinselte und vergoldete. Die paar Quadratmeter hinter dem heiligen Franziskus auf der Fassade sind aus Blattgold, Lothars Spezialität. »Kann längst nicht jeder, ich schon«, sagt Lothar. Trägt man Blatt für Blatt auf, jedes gerade mal einen vier Tausendstel Millimeter dick. Du brauchst eine ruhige Hand, viel Erfahrung und Kunden, die das bezahlen und nicht hinterher Theater machen. Die Kirchenleute mag er. »Alle nett«, sagt er, mehr nicht. »Dabei könnte ich Sachen erzählen, bei denen dir das Glas aus der Hand fallen würde.«

Lothar ist ein typischer Handwerker. Nimmt jeden Job an, fängt an und ist bald wieder weg zum nächsten Kunden. Webseite hat er nicht, und seine Telefonnummer wird unter der Hand weitergegeben. Das Kloster hat er vor fünfzehn Jahren gestrichen. Eilauftrag, weil ein »wichtiger Mensch« zur Dreihundertjahrfeier angekündigt war. Fürs Gerüst war keine Zeit, also strich Lothar das komplette Kloster mit der höchsten Leiter, die er auftreiben konnte. Zweiundzwanzig Stufen. War das nicht gefährlich? »War es: Als jemand ein Foto von mir auf der Leiter machte, dachte ich: Scheiße, scheiße, Berufsgenossenschaft, jetzt gibt's Theater. War aber nix, war alles im grünen Bereich. Am nächsten Tag stand ich, hoch oben auf der Leiter, in der Zeitung.«

Bevor Papst Benedikt XVI. gewählt wurde, war Lothar gerade bei einem »hohen Tier«, der mit Joseph Aloisius Ratzinger telefonierte. Lothar ließ Grüße ausrichten und pinselte das Schlafzimmer. »Falls Herr Ratzinger Papst wird und seinen Vatikan angestrichen haben will, soll er durchklingeln.«

23

Neulich in Amsterdam: eine Stunde Parken fünf Euro, einen Tag Fahrradfahren acht Euro, ein Matjes vier Euro, ein großes Bier vier Euro, eine Hure im Erdgeschoss achtzig Euro, ein Tagesticket für die Straßenbahn sieben Euro fünfzig, ein Dildo (gold) achtzig Euro, ein Pappbrötchen mit Fleischrolle drei Euro fünfzig, ein Gramm »Super Silver Haze« zwölf Euro, ein Knöllchen fürs Falschparken hundertdreißig Euro, ein Zimmer hundertsechzig Euro. Alle Preise ohne Gewähr, aber nicht allzu hoch für eine Weltstadt mit vielen glücklichen Einwohnern – und vielen Besuchern aus aller Welt.

In Neviges ist alles billiger. Zwei Stunden Parken im Bahnhofsviertel kostet nix, wenn man eine Parkscheibe bedienen kann, Knöllchen kosten fünf oder acht Euro, wenn man eine Parkscheibe nicht bedienen kann oder nach zwei Stunden nicht weiterdreht, ein Matjes kostet zwei Euro fünfzig und ein Bier ein Euro achtzig. Nur der Bus ist teurer. Viel teurer. Und trotzdem sind viele Nevigeser unzufriedener und unglücklicher als die Amsterdamer. Sie haben alles, was die Holländer nicht haben, zum Beispiel Berge, meckern über alles, zum Beispiel über die Politiker, lästern über alles, zum Beispiel über den Dom, die Nachbarn, die Pommes (die waren früher mal besser im Kaff), den Leerstand, die Langeweile, stänkern über alles, zum Beispiel über die Ausländer, und die Ausländer, nicht alle, stänkern ebenfalls. »Ich bin jetzt dreißig Jahre in Deutschland«, sagt der Marokkaner auf dem Wochenmarkt, »aber das, was jetzt in Deutschland passiert, ist nicht gut.« Zu viele Flüchtlinge und »alle, alle haben ein Handy«.

»Komisch«, sagt Maria-Jolanta, »die geben das weiter, was sie selbst früher erlebt haben, als sie hier ankamen.« Maria-Jolanta ist Malerin. Sehr dünn, etwas zu dünn für Männer aus Marokko, viel gescheiter als der Mann auf dem Wochenmarkt. Maria-Jolanta kommt aus Polen. Sie hat einiges erlebt, vier Kinder großgezogen, »aus denen etwas geworden ist«, eine Ehe hinter sich, »da reden wir lieber nicht drüber«, und eine schwere Krankheit, »da reden wir auch nicht drüber«. Jetzt lebt sie in Neviges und malt. Ihre Bilder, es gibt Hunderte in ihrer Wohnung, sind figurativ, und ihr Vermieter ist Kommunist. Sie sagt das beiläufig und meint das ernst, weil ihr Vermieter »etwas verrückt«, jedoch hilfsbereit und sozial ist und »vernünftige Ansichten hat«, sich auskennt in der Welt und früher die Welt gesehen hat. Multinationaler Konzern, »leitende« Stellung: Indien, Nepal, Singapur, China, Iran, Emirate, Hongkong, Pakistan, Saudi-Arabien, Finnland, England, Irland. In Neviges ist er Geschäftsmann, hat einen Hund, eine schöne Frisur und ein schönes Haus in Eins-a-Lage. Fachwerk, rund vierhundert Jahre alt, »aber leider«, sagt Maria-Jolanta, »immer kalt, eiskalt«. Der Kommunist liest die *Zeit*, den *Spiegel* und die *Süddeutsche*, repariert Hardware, baut Webseiten, scannt, druckt, kennt sich aus mit Viren und Trojanern, mit Macs und PCs, mit der Druckvorstufe, mit Schön- und Widerdruck, Hurenkindern und Schusterjungen und hilft, wenn er kann, sofort. Sein Laden liegt etwas versteckt neben der Fußgängerzone, und wenn dort ein Fest steigt, steigt der Kommunist in einen Eimer mit gelber Farbe und markiert den Weg zu seinem Laden mit großen Schritten auf dem Asphalt.

Fußspuren

Die Kinder laufen den Füßen nach, und wenn sie da sind, kriegen sie ein Bonbon oder zwei. Oder Gummibärchen.

»Manchmal«, sagt Maria-Jolanta, »könnte ich die Wand hochgehen. Wir leben im schönsten Ort der Welt, und alle meckern.« Maria-Jolanta malt Katzen. Nicht riesengroße, formatfüllende, sondern klitzekleine. Die hocken am Bildrand, sind aber nicht wichtig, sondern Beiwerk. Der große Rest, der wichtigste Teil ihrer Bilder, ist surrealistisch, erklärungsbedürftig. »Da gibt's nichts zu erklären«, sagt die Künstlerin. »Man muss Bilder sehen, nicht erklären.« Und warum heißt der Kommunist Kommunist? »Weil er kein Kapitalist ist. Der ist nett.«

Anna aus Wuppertal liebt Amsterdam. Wenn sie dort ist, sitzt sie im Café, atmet den süßlichen Geruch der Stadt, guckt Fahrrädern und Fahrradfahrern nach, kauft alte Kameras und freut sich. »Mehr«, sagt sie, »brauche ich nicht, Strand und Meer interessieren mich nicht.« Sie kann eine Stadt am Geruch erkennen. »Amsterdam riecht nach Gras«, sagt sie, »Wuppertal nach Tanztheater, Paris nach Sex, Velbert nach Maloche und Neviges nach einer frisch geschossenen Feldmaus mit etwas rosa Puder.« Ihr Stammlokal, wenn sie nach Neviges kommt, ist das Café am Brunnen. Sie trinkt Cola light, kauft Gemüse beim Gurkenkönig und Bücher bei Rüger. »Nette Frauen dort. So etwas gibt es in Wuppertal nicht mehr. Schon lange nicht mehr.« Was den Nevigesern fehlt, ist Gras. »Nicht im Stadtpark, sondern auf Lunge.«

Anna

Anna lebt vegetarisch, nicht vegan, nicht katholisch, nicht sportlich, trägt Größe 34, wohnt in Wuppertal in einem Loft, will keine Kinder, trägt Boss und Kenzo, liebt nackte Glühbirnen und Schallplatten, fährt Mini, war in Indien und Nepal und hat einiges Elend gesehen. Das reicht. Das Kaff ist schön, jedoch zu eng. Langenberg ist schöner, aber ebenfalls eng – also Wuppertal, schon wegen Pina Bausch und Tony Cragg, die hier alle nur Pina und Tony nennen. Ihr Onkel wohnt in Neviges, sitzt den halben Tag im Café und freut sich, wenn Anna da ist – und wenn sie da ist, setzt sie sich zu ihm, und dann wird gelästert: Tassos ist dick, Frau G. ist alt geworden, der Mann mit den Stöckelschuhen hält sich besser auf den Hacken als Fräulein P., Herr W. isst zu viel, Herr D. trinkt zu viel, und Herr H. könnte sich mal die Haare waschen, Thomas rennt (schon wieder), Lola bellt. »Tag,

Stefan, wie geht's?«, fragt Anna. »Wie soll es einem alten Dackel schon gehen?«

Wer Anna anmacht oder nachläuft oder ihr iPhone zumüllt, kriegt eine Antwort: »Willst du reden? Oder ficken? Oder was willst du?« Das geht fix und wird verstanden. Weiterlästern: Was macht Acker? Was treibt die Blonde? Haben die Bullen eine Sonderration Sprit bekommen, oder warum sieht man die so oft in letzter Zeit im Kaff? »Guck mal, Mesut springt auf. Blond?«

Ihr Opa hat viel Geld gemacht im Kaff. Großes Haus in der Besserverdienergegend, feiner Renault Dauphine, großer Garten, das war damals schon was. Die Stadt war reich, es gab Pilger satt, viele Flüchtlinge, die man damals Vertriebene nannte, die berühmte Kaffeewasserstraße, Hirtenbriefe, Prozessionen, gut besuchte Messen, einen Bürgermeister, der seine Stadt kannte, Industrie und Handwerk, ein Fotogeschäft, ein Kino, eine Stadthalle, Tanzkurse, einen Laden mit Fernseher, Radios und Schallplatten, ein paar Bäckereien ohne Aufbackautomaten, eine Straßenbahn – und viele Jahre vorher: Hakenkreuzfahnen.

Die Kaffeewasserstraße in Neviges funktionierte so: Die Pilger waren arm, die Nevigeser waren arm, es gab noch keine Ein- oder Vierhundert-Euro-Jobs, die Pilger brachten Bohnenkaffee mit, und die Nevigeser schütteten heißes Wasser drauf. Reich wurden sie nicht, aber sonst gab's nix. Wer Geld hatte, machte einen Devotionalienladen auf: Rosenkränze, Christophorusse, Gebetbücher, Heiligenbildchen, Taufkerzen, Weihwasserbecken, Marien- und Jesusbilder, Krippen, Katechismusse. War kein schlechtes Geschäft mit den Pilgern, ist jedoch vorbei.

Am 1. Mai beginnt die Pilgersaison. Dann kommt Hochwürden oder höher aus Köln oder Rom oder sonstwoher, hält eine schöne Predigt, zeigt sich nach der Messe den Fans vor dem Dom wie ein Popstar mit erhobenen Händen, zückt seinen Ring, und die Anhängerinnen weinen vor Glück. Hochwürden segnet, was vor ihm steht, und schon ist er wieder weg. Mit Limousine und Chauffeur zum Flieger nach Düsseldorf oder nach Köln am Rhein. »Sind sie Priester geworden wegen der Groupies«, fragt ein Witzbold, und Hochwürden »versteht die Frage nicht«.

Erst kommen die Kroaten. Dann kommen die Polen. Die Frauen sind schön und fromm, die Männer sind stolz und durstig, und die Messen sind die vollsten und schönsten im ganzen Jahr. Man versteht kein Wort, was kein Nachteil ist, und nach der Messe wird gefeiert. Es gibt Buden mit

Schnaps und Ćevapčići oder Bigos und Schweinebraten, Musik und Tanz auf der Wiese vor Tassos Kneipe. »War früher mehr los«, sagt Tassos. »Egal. Das Leben ist schön.«

Die Pilger aus Dülmen stecken sich angeblich Erbsen in ihre Schuhe, bevor sie sich auf den Weg machen. Merkt man jedoch nicht, weil keiner die Treppen zum Dom hocheiert, als täten ihm die Füße weh. Früher allerdings soll es so gewesen sein. »Kwatsch«, sagt Agnes vom Donnerstagsdamenkränzchen im Café am Brunnen, »Ezen kan sin, han ech ouch van gehuart, äwer op gekokten.« Wenn Agnes Platt spricht, sie kann auch Hochdeutsch, verstehen ihre Freundinnen nur Bahnhof. Aber das Gerücht, dass die Dülmener sich bestenfalls gekochte Erbsen in die Schuhe stecken, das kennt im Kaff jeder.

Die Schlesier feiern vor dem Kloster. Ein Stand mit Streuselkuchen, ein Stand mit fetter, sehr fetter Wurst, eine Bergmannskapelle, ein Kapellmeister, ein paar Männer mit Akkordeon, viele Frauen mit Trachten und viele geduldige Pilger und Einheimische, die zwanzig oder dreißig Minuten vor dem Streuselkuchenstand anstehen. Ein etwas kleinerer Rahmen als die Kroatenveranstaltung, die das Domviertel in eine riesige Ćevapčići-Grillstation verwandelt. Hübsche Frauen, etwas älter als die Polinnen. Schönes Fest.

Genaue Zahlen über die Entwicklung der Nevigeser Wallfahrt gibt's nicht. Anstrengungen, etwas zu verändern, auch nicht. Die Franziskaner, zurzeit acht, unternehmen nicht viel. Oder nix. Der Vorschlag von »Marketing-Udo«, einen Rollstuhlfahrer in den Dom zu rollen, eine Kerze anzuzünden, ein Stück Beton aus dem undichten Dach runterkrachen zu lassen und zufällig mit der *Bild* (»*WAZ* tut's auch«) dabei zu sein, wenn der Mann tanzend und unversehrt aus dem Dom kommt, gefiel Pater Roland nicht. »Das Wunder von Neviges«, sagt Udo, »hätte die Kirche nix gekostet. Casting umsonst, Rollstuhlfahrer auf meine Kappe, Pressearbeit auch – kenne alle, von der *Bild* bis zur *FAZ* –, und den Champagner für die Party hätte ich ebenfalls übernommen.« Pater Roland wollte nicht: »Gott sieht alles, mein Sohn.« Darauf Udo: »Machen doch alle so. Von nix kommt nix.« Udo, der sich heute mit »Kleinscheiß« über Wasser hält, war angeblich mal eine große Nummer. »Großartiger« Job in »großartiger« Agentur, »großartige« Kunden, »großartige« Etats und »großartige« Autos, Mädels, Reisen, Partys und so weiter. Und heute? »Zu viele Praktikanten, zu viele Leute, die fast umsonst arbeiten. Zu viele Kunden, die keine Kohle mehr raushauen. Wir sind noch Lufthansa geflogen und haben die Bars leer gesoffen, wenn wir einen Job geholt haben. Nicht hier in Neviges. In München, Junge. Verstehst du? In München.« Vorbei.

Der »Leser« saß jahrelang abends in der Ecke bei Tassos. Buch auf dem Tisch, Zeitung daneben, Roth-Händle, Weinglas, voller Aschenbecher, kaum Kontakt zu den anderen, keine Lust auf Fußball, keine Lust auf Gespräche und Gitarrengezupfe. Dafür hatte er sein Buch. Mit Axel, Geschäftsmann und Whiskytrinker, hatte er nie an einem Tisch gesessen. »Okay«, sagte der Leser irgendwann, »einen trink ich mit.« Als die Flasche leer war, Lokalwechsel ins »Navigesa«. Nächste Flasche für Axel, nächster Rotwein für den Leser, und irgendwann im Laufe des Abends kippte die Stimmung. Als der Leser vom Klo kam, waren alle sehr nett und freundlich, viel netter als sonst zu einem, der noch nie in Jackys Kneipe war. Der Leser war plötzlich Drehbuchautor geworden. »Tatort«-Autor. »Mir fiel nix Besseres ein«, sagt Axel, »die Leute wollten wissen, wer der Typ mit den zottligen Haaren ist, also Drehbuchautor.« Nur der Leser wusste von nix. »Könntest du meine Kneipe in dein nächstes Drehbuch einbauen?«, fragte Jacky. »Ich könnte Werbung gebrauchen.« Und der Leser: »Komm, Axel, ich glaube wir haben genug. Fährst du? Oder sollen wir ein Taxi rufen?«

Tatortwechsel. Wir sind im Tal der Lüste. Im Windrather Tal. Hat nix mit Sex oder Erotik zu tun, sondern mit Bio. Mit gesunden Sachen, Shoppen ohne Gewissensbisse, mit heiler Welt, Natur und was sonst gerade en vogue ist bei Leuten, die sich Gedanken über gute Ernährung machen können und nicht auf den Cent achten müssen. Fünf Höfe, der bekannteste ist der Schepershof. Ein Parkplatz, ein Teich, ein Stall, ein Café, ein Supermarkt, den die Menschen betreten wie eine Kirche. Ehrfürchtig.

Auf dem Parkplatz keine alten Enten, keine klapprigen Pandas oder Hollandräder mit Körbchen oder Volvos, die man erwartet, sondern Audis und BMWs und Mercedesse und SUVs – und in den Benzinschluckern der Mittelstand im Norwegerpulli, der die Kinder frühmorgens zur Waldorfschule kutschiert. Nette Leute: Lehrer, Angehörige der Sozial- und Pflegeberufe, Linke, Grüne, Beamte, Steuerberater, Anwälte, Ärzte, andere Akademiker, Besserverdiener und Besserwisser.

Gegenüber die freilaufenden Hühnchen und Hähnchen, die irgendwann in Topf oder Pfanne landen, weiter hinten ein riesiger Kuhstall mit festen Melk- und Fütterungszeiten zum Zugucken für die Kinder und dazwischen das Café, in dem sich alle am gesunden Leben erfreuen. Das sieht etwas nach Sekte aus, ist aber keine. »Bio ist doch super, super gesund«, sagt die Blonde mit den Gummisandalen. »Sekte? Sehe ich anders.«

Im Supermarkt alles bio, freundlicher Umgangston wie im Puppenladen, gute Butter, die noch nach Butter riecht und schmeckt, und Obst wie früher bei Tante Klara in Rieste (3000 Einwohner) auf dem Bauernhof. Sehr lecker, was man so sehen kann, kein veganer Firlefanz oder nur ein wenig. Und schöne Umgebung: Wiesen, Bäume, Felder, Tiere, Teich, Trecker. So etwas sieht der Fuzonevigeser sonst höchstens in der *Landlust*, die man überall im Kaff für vier Euro kaufen kann. »Merkwürdig«, sagt Anna, »die Leute haben Lust aufs Land und kaufen eine Zeitschrift, die ihnen das zeigt, was sie vor ihrer Dorfgrenze sehen könnten.«

Jeden Mittwoch kommt Stefan mit seinem Toyota und kauft Milch und Körner. Alles andere kauft er bei Aldi. »Aldi«, sagt er, »ist allererste Sahne.« Kaufpark mag er nicht, Lidl auch nicht, und Edeka ist ebenfalls nix für ihn, zu teuer. »Obwohl«, sagt er, »hübsche Frauen hinter den Kassen sitzen.«

Der Kaufpark heißt neuerdings Rewe, und die wichtigste Änderung neben den neuen knallroten Tüten und den neuen knallroten Kundentrennhölzern ist der knallrote Payback-Automat im Eingangsbereich. Die Kunden sammeln Punkte, und der Kaufpark (wird lange dauern, bis sich die Nevigeser an den neuen Namen gewöhnt haben) sammelt

Daten: Name, Wohnort, Geburtsdatum, Telefon, E-Mail-Adresse und bei denen, die mit Karte bezahlen, auch die Bankverbindung.

»Unsere Kunden freuen sich riesig auf den neuen Service«, sagt die Kassiererin. »Schon deshalb, weil man mit unserer Payback-Card genauso beim Apotheker, bei Aral, Rossmann und weiteren sechshundert Vertragspartnern punkten kann.« »Merkwürdig«, sagt die Frau mit der weißen Bluse, die gerade die Butter aufs Band legt, »Herr Rewe weiß, was ich esse und trinke und wie viel und wie oft ich was trinke, und der Apotheker verkauft mir irgendwann die passenden Pillen. Habt ihr sie nicht mehr alle?«

Die Butter aus Irland ist der aktuelle »Preisknüller«. Kostet einen Euro und nicht neunundneunzig Cent wie üblich oder eins neunundvierzig, sondern exakt einen Euro. Das ist billig und gut, weil man sich ernst genommen fühlt als Kunde. Beim Bäcker vor dem Supermarktausgang kostet, kein Witz, ein Brötchen einunddreißig Cent. Bei der Post, ein Witz, kostet der Standardbrief zwei Brötchen.

Gebrochene Preise, also Preise, die knapp unter einem runden Betrag liegen, gibt's »im Kaff der guten Hoffnung« (9 Euro 99) überall. Beim Apotheker, beim Frisör, bei der Fußpflegefrau im Massageladen, bei Gassmann, im Reformhaus, beim Gurkenkönig, im Schuhladen, im Sonnenstudio, in der Muckibude, bei Nevigös und im Buchladen von Herrn Rüger. Bei Reinecke kostet die Wohnlandschaft einschließlich Lieferung 999 oder 1299 Euro. »Querschläfer« haben 189 Euro Aufpreis. Nur die Bettler (»Haste mal 'nen Euro«), die Gastronomen und Kati vom Laden mit den großen Klamotten machen nicht mit. Bier 1,79? Pizza 4,99? Latte 2,19?

Könnte man machen, wäre aber nix, weil die Rechnerei nach dem sechzehnten Pils kompliziert wird. Die Kneipe für Betreutes Trinken am Busbahnhof (Pils ein Euro dreißig) macht schon deshalb nicht mit, weil gebrochene Preise nicht zu einer Kneipe passen. Kotzen ja, doch gebrochen? Auch Kati hat keinen Bock auf Wechselgeld: Schal zehn Euro, Hemd dreißig, Kleid fünfundvierzig Euro, so einfach geht das.

Die Haste-mal-'nen-Euro-Jungs oder -Mädchen stehen abends vor dem Supermarkt. Geht nicht um Armut, sondern um Flaschenbier und andere Stimmungsaufheller, die man am Busbahnhof kaufen kann. Oder um Fahrgeld für den Bus. Vielleicht. Der professionell arbeitende Donnerstagsbettler, um die vierzig oder fünfzig, tut den Leuten einfach nur leid. Er watschelt, wenn Markt ist, mit seinen um neunzig Grad nach außen gedrehten Füßen und mit gebuckeltem Rücken durch die untere Fuzo und zittert die Leute mit seinem weißen Plastikbecher an. Noch ärmlicher aussehen geht nicht. Der Mann erinnert ein wenig an den berühmten Anthony Quinn im *Glöckner von Notre Dame*, ist aber dünner und kleiner. Der erbärmliche Auftritt, ein Meisterwerk, ist gut fürs Geschäft. Die Leute geben, obwohl alle vermuten, dass irgendwas nicht stimmen kann. Wie immer gibt's Gerüchte. Der Mann ist angeblich nach Feierabend gesehen worden: aufrechter Gang, kein Zittern, normale Schuhe, sportliche Freizeitkleidung. Sieht schicker und jünger aus als in den zerfledderten Lumpen, die er während der Dienstzeit in der Fußgängerzone tragen muss. Ist er selbstständig? Vielleicht. Oder arbeitet er für einen Chef?

24

Jean, knapp achtzig, ist Rentner, Fernsehmoderator, Autor, Produktvermarkter und *Focus*-Mitarbeiter. Seine jüngste Tochter ist fünf. Wenn sie Abitur macht, das hat er ihr in dem Nachrichtenmagazin versprochen, will der Entertainer (*Pützmunter-Show*) mit ihr tanzen. Er ist dann etwa zweiundneunzig, also deutlich jünger als Johannes Heesters, der stolze hundertacht schaffte, und etwas jünger als der Kettenraucher aus Hamburg, der immerhin sechsundneunzig wurde. Der Greis mit dem Zwirbelbart hat viele Jahre in Langenberg gewohnt – der kleine Ort mit dem WDR-Sender, den feinen Fabrikantenvillen und der Nasenbleiche gehört zu Velbert. Früher war es angeblich das reichste Kaff Deutschlands, heute ist dort nicht mehr los als in Neviges. Schade, eigentlich ist das Dorf ganz hübsch. Herr Pütz war der einzig wirklich bekannte Prominente.

Anthony Quinn zeugte noch Nachwuchs mit einundachtzig, Fritz Wepper mit siebzig, Sky du Mont, Franz Beckenbauer, Charlie Chaplin und Pablo Picasso waren auch nicht mehr die Jüngsten, Rod Stewart (erstes Kind mit achtzehn) war sechsundsechzig und Elton John drei Jahre jünger. Den Weltrekord hält Ramjeet Raghav mit sechsundneunzig. Der

Papa aus Indien, schreibt die *Welt*, wolle keine weiteren Kinder. »Denn Kinder sind zwar ein Segen, aber auch ganz schön teuer.« Darüber muss sich Rod Steward keine Sorgen machen. Sein achtes Kind wächst in gesicherten finanziellen Verhältnissen auf.

Warum sich alte Männer junge Frauen anlachen, die Kinder und oft ins Kino wollen, ist ein Geheimnis. Porsche fahren ist unterm Strich billiger und weniger anstrengend.

»Ich will keinen Typen mit Gehhilfe oder Stehhilfen, ich will einen Typen, der mich rannimmt«, sagt Maria (28). Fünf Jahre jünger wäre gut, aber älter? Ihr Kerl soll später Fußball spielen mit dem Nachwuchs. Nicht Halma. »Was soll ich mit einem Opa, der nicht mehr aus dem Sessel kommt?«

Die Nevigeser Durchschnittsmutter, es gibt keine genauen Statistiken, ist achtundzwanzig, ihr Mann zwei Jahre älter. Er arbeitet unter der Woche, sie macht den Haushalt, hat einen Vierhundert-Euro-Job oder keinen, und samstags fährt das Paar mit dem Kinderwagen durch die Fußgängerzone. Mal schiebt er, meistens schiebt sie. Viele Papas sind unglücklich, das sieht man samstags, viele Mamas auch, das sieht man von Montag bis Samstag, also eigentlich immer. Richtig kinderlieb, so scheint es, sind nur die Omas und Opas, die nicht älter sind als Jean Pütz.

Vielleicht täuscht der Eindruck. Vielleicht sind die Blagen bloß in der Öffentlichkeit nervig und zu Hause ganz nett. Im Café und im Supermarkt sind sie es nicht, weil im Supermarkt zu viele Sachen rumliegen. Alles da, aber sie sollen nicht ran. Und wenn doch: Anstehen an der Kasse, wo die Quengelware für den nächsten Tobsuchtsanfall wartet. »Meine beiden Racker schlafen mittags zwei Stunden durch«, sagt Jana, »ich geh dann immer fix einkaufen mit meiner Riesenkarre.« Mit zwei Mädchen auf einen Schlag hat die junge Frau das große Los gezogen. 22. Dezember. »Mein Gott, warum nicht zwei Tage später?« Wäre ein Abwasch gewesen. Pech gehabt.

Ihre Riesenkarre ist groß, zu groß für Neviges. Überall Hindernisse: Proseccogondel vor dem Fuselregal (kann sie ausweichen), Aufzug zum Kinderarzt (das Monster passt rein, allerdings ohne Jana), Bus (kommt sie nicht hoch), Treppe zum Apotheker auch nicht. Und schnell zur Seite springen, wenn ein BMW oder der Porsche vom Klamotten-Doktor durch die Fuzo brettert, ist mit so einem Riesending »voll Scheiße«. Das arme Mädchen. Jana ist zweiundzwanzig und hat sich ihr Leben anders vorgestellt. Toller Job, irgendwas mit Medien, schicke Wohnung, irgendwas mit Parkett. Kinder? Später!

Jetzt heißt es durchhalten. In ein paar Jahren, wenn die Kinder aus dem Gröbsten raus sind, kann Jana wieder arbeiten. Die Frage ist, wo und was? Und was ist, wenn ein Kind mal krank wird? Oma könnte helfen, Opa könnte helfen, aber wie und wann? Oma Heidi ist einundvierzig, Opa Karl sechsundvierzig. Gute Aussichten sind das nicht, weil Heidi und Karl berufstätig sind, zudem »gerade alles hinter sich haben« und »endlich mal was vom Leben haben wollen«. Mehr als ein Halbtagsjob oder ein Job als Springer an der Supermarktkasse oder bei Herrn Maier ist für Jana nicht drin. Job in Düsseldorf oder Essen? Kann sie vergessen. Job bei der Stadt (die könnten mal eine neue Webseite gebrauchen) auch. Ohne Beziehungen läuft da vermutlich nix.

Opa Tassos vom »Alten Bahnhof«, etwas älter als Opa Karl, jedoch jünger als Papa Jean, schiebt seine Enkelin strahlend über den Parkplatz. Steht ihm gut, so ein kleiner Wurm. In ein paar Jahren, wenn die Kleine groß ist, fährt er vermutlich mit dem Rollator. Das Mädchen hat es gut. Oma ist immer da, Papa ist immer da, Mama ist immer da. Familie Sitmalidis, so heißen die Tassos, lebt unter einem Dach. Unten Kneipe, oben Kinderzimmer. Und vor der Tür ein riesiger Garten mit vielen Senioren, die sich auf jedes kleine Kind freuen.

Glückliche Eltern sind gut ausgebildete Eltern, die gelernt haben, sich zu organisieren, und nicht einfach drauflosvögeln. Alles wird geplant. Der Job, die Familie, die Kinder, und man sieht sofort: Beide verdienen nicht schlecht, können sich eine Kinderbetreuung leisten, können kochen (kann längst nicht jeder im Kaff), sind gut vernetzt, lieben sich, und aus dem Nachwuchs, kein Wunder, wird mal was.

Es gibt drei Kindergärten, drei Grundschulen, eine Hauptschule und eine Realschule, das Gymnasium ist zwanzig Minuten weit weg in Velbert, die Kinderspielplätze sind langweilig, und das Kulturangebot für Kinder wird ständig runtergefahren. Immerhin: eine gute Bücherei, eine gute Bibliothek, die viel macht, ein Tennisclub, ein Golfclub, ein Brunnen, kaum Kriminalität (und wenn doch, wird nicht drüber gesprochen und auch nicht berichtet), kein Jugendzentrum im Zentrum, dafür genügend Wohnraum zu bezahlbaren Preisen, viel Grün und eine gute Verkehrsanbindung, wenn man sich in den ekligen S-Bahnhof traut, der im Aufzug und auf der Treppe nach Pisse riecht.

Wenn Eltern sich trennen, bleiben die Kinder auf der Strecke. Das ist nicht anders als in der Großstadt. Mit einem Unterschied: In Neviges kriegt es jeder mit. Man muss bloß die Ohren aufhalten.

»Ich bin jetzt fast fünfzig und will nicht mehr«, sagt der Mann am Nebentisch. Er ist kein Hipster (so einer mit Brille, Vollbart, Fahrrad, MacBook und Umhängetasche), sondern ein Durchschnittstyp mit Holzfällerhemd und mit Bier. Viel Bier. Er will sich nicht mehr verbiegen lassen, sich nichts mehr gefallen lassen. »Ich habe«, sagt er, »die Schnauze voll.« Er hat jahrelang alles ausgehalten, mitgemacht, gelitten. Jetzt ist Schluss. »Ich will keine Frau mehr, ich will Bundesliga am Wochenende. Wenn sie ins Museum will – soll sie, aber ohne mich. Wenn sie über den Flohmarkt oder zum Shoppen will, kann sie, aber alleine. Ich will den ganzen Eiertanz nicht mehr mitmachen und keine doofen Sprüche mehr hören. Wir hatten eine gute Zeit – und weißt du, was sie gesagt hat neulich beim Elfmeterschießen? Du Null, du Versager. Du machst nichts. Du bist nichts. Du kannst nichts.«

»Du wirst einsam sein«, sagt seine Schwägerin. »Ich, und einsam? Niemals. Ich habe Sky.« »Komm, lass uns gehen«, sagt der Bruder, »die Leute hören mit.«

»Wenn wir beim Griechen sind«, sagt die Frau zu den Leuten an den Nachbartischen, »essen wir griechisch. Erst Tzatziki mit Spieß und Kartoffelchips, dann kommt der Ouzo, und dann wird gefeiert. Wir können ausschlafen morgen. Und wissen Sie was? Schnitzel mit Pommes mache ich zu Hause. Dafür gehen wir doch nicht zum Griechen.

Sie kennen meinen Namen nicht? Darf ich vorstellen: Mein Mann, der Erich. Wir standen neulich in der Zeitung: Goldhochzeit.«

Auch Andreas, um die fünfzig, war in der Zeitung – nicht wegen der Liebe, davon versteht er nix, sondern wegen der Frauen, die Männer zur Strecke bringen. »Andreas«, stand in der Zeitung, »zeigt in einem Workshop, wie sich das schwache Geschlecht Angreifer mit nur einem gezielten Schlag vom Leib halten kann. Wing Tsun ist eine Kampfsportart, die von chinesischen Nonnen erfunden wurde und sehr effektiv ist.« Ob das stimmt mit den Nonnen, weiß nicht einmal Wikipedia, ist aber egal. Es stand so in der Zeitung, und was in der Zeitung steht, wird schon stimmen.

»Manchmal«, sagt Konrad, neun Jahre alt, »wünsche ich mir arme Eltern. Hartzer wären gut. Die wären immer für mich da.« Sein Papa arbeitet in der Immobilienbranche, ist ständig auf Achse, und seine Mama »fummelt anderen Menschen im Gesicht und an den Füßen rum«. Der Junge soll es später nicht schlechter haben. Bis dahin volles Programm für Konrad: Schule, Karate, Gitarre, Kindertheater, Spanisch, Fußball, Schach und abends Nachhilfe von Papa und Grünzeug von Mama, die fünf Angestellte durchfüttert, keinen Fernseher hat, aber sieben Kochbücher von Attila Hildmann. »Das ist alles echt hart«, sagt Konrad, der sich gerade in Julia verliebt hat.

Julia hat es besser. Oft Pommes, oft Spaghetti mit Ketchup, Nutella-Vorrat im Kühlschrank, eigenes Smartphone, Abo bei Spotify, Fernseher im Wohn- und Kinderzimmer, und einmal im Monat geht's mit Mama und Papa ins Kino oder zum Baldeneysee.

Julias Papa ist arbeitslos, kommt jedoch gut klar mit An- und Verkauf, Autoüberführungen und ein paar Aushilfsjobs in Wuppertal-Barmen, über die er nicht reden will. »Work-Life-Balance«, sagt er lächelnd, »ist uns wichtig. Julia soll eine gute Kindheit haben. Der Rest kommt ganz von alleine.«

25

Es war einmal ein leitender Angestellter, der lebte in einer großen Stadt und hatte frühmorgens im Bett schon reichlich zu tun. Kaum machte er die Augen auf, tippte er das Passwort in sein iPhone, drückte die Espresso-App seines verchromten Vollautomaten, schob die Vorhänge mit einem Wisch beiseite, klickte die Jalousien hoch, schaltete die Stereoanlage und den Nachrichtensender auf dem riesigen Flachfernseher ein, guckte aufs Faxgerät neben dem Bett, checkte die Anrufe, die nachts aufgelaufen waren, fragte Siri, ob etwas Essbares im Kühlschrank liegt, wie das Wetter vor der Tür und in Düsseldorf ist, wechselte vom iPhone zum iPad, guckte auf sein Depot bei der Deutschen Bank, auf sein Konto bei der Sparkasse und auf die Ergebnisse der griechischen Liga, sah dann, was seine Mutter gestern von ihm wollte und seine Chefs an diesem Tag dringend erwarteten. Siri, die Tante aus Amerika, konnte seine Frage nicht beantworten.

Er las das Memo einer Mitarbeiterin aus Wolfsburg, ein weiteres Memo eines Kollegen aus Gütersloh, sah die Kontaktdaten des Mannes, den er abends in der Bar getroffen hatte, ein Foto der Frau, mit der er gestern im Kino flüchtig geflirtet hatte, die Bordkarte für seinen Abendflug nach Düsseldorf und das PDF einer Abrechnung seiner Werkstatt, die ihm mitteilte, dass er den Wagen, einen schwarzen 5er BMW, jetzt abholen könne. Dann klingelte sein Telefon.

Zweiundvierzig E-Mails, drei Anfragen von Facebook, fünfzehn Nachrichten von Instagram, fünf SMS, der letzte Schachzug seines Schachfreunds aus Aachen, zwölf Nachrichten von Whatsapp, die PowerPoint für sein Meeting am Abend, die Excel-Tabelle des Außendienstes, eine Erinnerung von MyMüll. Und als er sich einen Überblick verschafft hatte, war er müde und schlief fast ein.

In Neviges lag ein Mann im Bett. Er hatte sich eine Erkältung zugezogen und sich zwei Tage nicht im Dorf blicken lassen. Der Mann las um elf Uhr eine E-Mail: »Mein Armer, habe gestern im Café gesessen und gehört, dass du krank bist. Hoffentlich nichts Ernstes!? Ich wünsche dir gute Besserung! Liebe Grüße und bis bald, S.« In einer anderen E-Mail fand er »♥♥♥ – alles okay bei dir?« Der Mann drehte sich um und schlief ein.

Noch was? Ja, Malermeister Lothar bestellte um elf Uhr dreißig einen Kranz bei der Blumenfrau. »Wie immer?«, fragte Petra. »Ja, wie immer. Oben ›Tschüss‹, links ›Lothar‹, rechts ›Moritz‹.« Moritz, das können die anderen Trauergäste nicht wissen, ist sein Hund.

DANK

Tausend Dank an alle mitwirkenden Nevigeserinnen und Ne-
vigeser, an alle Pilger und Touristen, an die Frauen von Gassmann, an den Gurkenkönig, an Andrea und Gunther, an das
Ordnungsamt, an den Straßenmusikanten, an die Polente,
an alle Kinder, an alle Einzelhändler, Hundebesitzer, an die
Stammtische und Kaffeekränzchen, an die »Waage«, das
»Eiserne Kreuz«, an die Motorradfahrer, Borussen, Schalker,
Gitarrenspieler, Griechen, Kiffer, Architekten, Französinnen,
Münchnerinnen, an den »Leser«, an »Acker«, die »Schriftstellerin«, die Ehemaligen von der *WAZ*, den Inhaber der inhabergeführten Werbeagentur, das Pärchen vom Finanzamt,
an den Pferdeflüsterer, den Kletterer, die Frau mit der weißen Bluse, an Waldi und Mausi, an die Werbegemeinschaft, an
Herrn Heringhaus, an den Kioskmann, an das Plüschcafé, an
Maria, das Bürgerbüro, die Obrigkeit, an Uschi, an die Schausteller, die Omis und Opis, den Zirkusdirektor, Herrn Maier
und seine Frauen, an die Buchhändlerinnen, an die Veganer,
Leseratten, Schüler, Lehrer, Besserwisser, an den Dorfapotheker und die Apothekerin, an Metzger Schmidt, Frau Behrendt
und Frau Schad, an den Biometzger, an Uwe, an Popy, an die
Elektrofrau, an die Leute von S.O.S, an die Frisöre, Handwer-

ker, Bauunternehmer, Bauherren, Architekten, an Familie Reinecke, Frau Wegemann, Neffe Gerd, an Frieda, Petra, Uhrmacher Ballauf, an Frau Freitag, Monsieur und Madame M., an Lothar von der Hügelstraße, an den Ü-70-Club, die Damen von der Sparkasse, die Sprechstundenhilfen, an Sabine aus Wuppertal, an den Kochlehrling, Herrn Aksum, die Ex-Bürgermeister, die Bestatter, Reklametexter, an die AWO und Vorturnerin Doris, den Bürgermeister, den Landtagsabgeordneten, den Stadtrat, den Mieterbund, die Klamottenfrauen, die Masseurin, Familie Pass, an den Staubsaugerfabrikanten, an Stefan, Rosita, die Filialleiter, die Kassiererinnen, die netten Frauen hinter der Supermarkt-Fleischtheke, die Stadtentwicklerin, an den Professor und seinen Jünger aus Düsseldorf, an den Chefphilosophen, die Griechen, die *taz*-Leser, an die Blonde vom Hausarzt, an Wulli, die Feuerwehrmänner, die Nagelfrau, den Schlüpfer- und Bettenverkäufer, die beiden Donnerstagsblondinen, den Mann mit den Fernsehpfannen, die Ex-Gerichtsreporterin, die Journalisten und Fotografen, an den Uhrendoc, die Kindergartenkinder, die Feinkostmänner, die Eierfrau, an den gut gekleideten Mann aus Wülfrath, an Harry Flint, an Harry von den Linken, an den Doktor vom Förderverein, an Caruso, an die Frau mit dem Hähnchenrekord, an die Tafel, die Flüchtlinge, an Kati, den Pizzabäcker, die Popowackelfrau, den Autobusfotografen, an Damiana, an die Rossmann-Fahrer, die Staubsaugerin, an Anastasia, die Bauarbeiter vom Kirchplatz, die Grünen, Niko, Brigitte, Lummer, die Brötchenfrau, die Türken, Kroaten, Polen, Schlesier, Minigolfer, an die Fußpflegefrau, an Tabea, Herrn Hennenberg, Helmut, Antje, Sascha und Papa Stemberg, an die Leftis, die Philos (Anna, Kerstin, Regina, Ute, Veronika, Gerd, Jürgen, Karl, Norbert,

Ron), an Gottfried Böhm und Josef Kardinal Frings, die Laubbläser, an Frau Rentmeister, Frau Dywicki von unten, an den
Paketmann, die Briefzustellerin, an Ute von oben, an Protz-
Wicki und an die Brettchenbortweberinnen, an Lilalu, Andrea
und Lutz, an Gerno, Lucas und Frieda, an die Kinder aus
Afrika, an Jennifer, Karola, Lothar und Moritz, an den Marok-
kaner, Maria-Jolanta, an den Kommunisten, an den Mann mit
den Stöckelschuhen, an Marketing-Udo, Pater Roland, Axel,
Jacky, Bärbel, an den Donnerstagsbettler, den Klamotten-
doktor, an Jana, Oma Heidi und Opa Karl, an Konrad, an den
Angestellten in München oder Berlin oder Nürnberg oder
Hamburg. Und an Frau Gsell und Frau Ricarda sowieso.

    War schön mit euch. Alle Geschichten sind frei erfun-
den – und wenn nicht, schlecht recherchiert. Kleiner Hinweis an alle Nevigeser: Gibt Schlimmeres. Kleiner Hinweis
an alle anderen: So sind sie, die Leute im Kaff.

Foto: Anna Schwarz

Jetzt machen wir erstmal nichts – und dann warten wir ab!

Felix Dachsel

Abwarten und Bier trinken

Aus dem Leben eines
Leistungsverweigerers

Piper Taschenbuch, 224 Seiten
€ 9,99 [D], € 10,30 [A]*
ISBN 978-3-492-30661-4

Schon in der Grundschule zählte Felix Dachsel zu den Faulsten des Landes – und auch später änderte sich daran wenig. Bis heute ist er ein engagierter Leistungsverweigerer. Seine Bewerbungen scheitern am finalen Kauf einer Briefmarke und im Leistungs-Wettlauf mit gegelten Gewinnertypen sucht er lieber nach dem Spaß als nach der Karriereleiter. Dennoch lässt sich von ihm eines lernen: Prüfungen kann man wiederholen, das Leben nicht. Ein entlarvend lustiges Buch mit überraschend vollständigen Haupt- und Nebensätzen!

Leseproben, E-Books und mehr unter www.piper.de

»Dieses Buch wird die Welt verändern.

Oder Sie einfach nur zum Lachen bringen.«

Jan Böhmermann

Hier reinlesen!

Christian Pokerbeats Huber
Fruchtfliegendompteur
Geschichten aus dem Leben
und andere Irritationen

Piper Taschenbuch, 288 Seiten
€ 9,99 [D], € 10,30 [A]*
ISBN 978-3-492-30791-8

Christians Welt dreht sich ein ganzes Stück zu schnell. Ihm ist schwindelig. Wenn er bei Google »andauerndes Schwindelgefühl« eingibt, ist »Hirntumor, nur noch drei Wochen zu leben« noch eine der optimistischsten Diagnosen. Sein Arzt beschränkt sich allerdings auf den Rat, weniger zu arbeiten, seltener vorm Bildschirm zu sitzen und nicht dauernd auf das Smartphone zu starren. Als Teil der Generation »Ich darf jetzt nicht krank werden« und »Ich melde mich später noch mal« kommt das aber für ihn nicht infrage …

PIPER

Leseproben, E-Books und mehr unter www.piper.de